辰子說林

二戰媒體人張慧劍的中外考察

張慧劍——原著
蔡登山——主編

編輯說明

本書曾在一九四六年於南京出版，當時書名為《辰子說林》。今是第一次在臺灣出版而新增一副書名，作《辰子說林：二戰媒體人張慧劍的中外考察》。特此說明。

目錄

導讀　名報人張慧劍及其書

蔡登山

張慧劍（一九〇四～一九七〇）做為一個報人，很早就在報界嶄露頭角，他在抗戰前主編《南京朝報》之副刊，時有新裁，動人耳目，一時之間洛陽紙貴，《朝報》銷數日增，無人不知有「副刊聖手張慧劍」矣。據報界同行華成章說：「其以《水滸傳》之三十六天罡為新聞界寫點將錄，筆調亦莊亦諧，語氣謔而不虐，因其交遊既廣，見聞尤多，一經描繪，似非又是，每引人作會心微笑，曾使當時白下（南京）新聞同業，每為啼笑皆非。」他評張恨水為「及時雨宋江」，有群雄之首風範；評張友鸞為「智多星吳用」，評自己為「花和尚魯智深」，評《中央日報》的社長為「大刀關勝」，批註曰「架子不錯」；評徐君武為「青面獸楊志」，批註曰「空學一身武藝，卻無識家，只落得天橋賣刀。」評張友鶴為「撲天鵰李應」，批註曰「小雖小，俺也是一莊之主」。（張友鶴為《南京晚報》社長，名氣不大），都可謂貼切妙極，令人捧腹大笑。

張慧劍最輝煌的時候是在抗戰時期，那時重慶《新民報》剛創刊，老闆陳銘德廣攬賢才，一時間張恨水、張友鸞、張慧劍齊聚一堂，時稱「三劍客」，隨後經張慧劍介紹，嶄露頭角的趙超構亦然加盟，人又稱「三張一趙」。有署名錚洵的曾撰文〈前塵回首憶「三張」〉說：「二十餘年間，報壇藝苑，論文筆雅暢，撰輯精嫻者，莫不推三張為巨擘。不佞曩客三都（北平、南京、重慶），濫竽報界，於此三子，夙接歡笑。」讚譽可見一斑。

張慧劍原名張嘉谷，生於清光緒三十年（一九〇四）安徽石埭（今石台縣）一小康之家，兄弟五人，他最幼。他在初中二年級時，不幸患耳疾致聽覺受損。此時家道亦中落，在貧病交加中輟學，全靠母親教導，逐漸打下文學及歷史知識的基礎。此後他更奮發苦讀，除經史子集外，稗官野史、筆記遊記類，俱常一卷在手，終於自學成才。民國十二年（一九二三）開始，他撰寫筆記、小說等向報刊投稿，始用慧劍筆名，還向上海《商報・商餘》和北京《輿論報・翰海》投稿。早在二十世紀三十年代，張慧劍就已經以編輯報紙副刊成名。他先後工作過的報紙副刊有上海《民眾日報・花花絮絮》，杭州《東南日報・小築》、南京《南京日報・人間味》、《南京晚報・秦淮月》、重慶《時事新報・青光》、上饒《前線日報・戰地》、金華《東南日報・筆壘》和蘇州《陣中日報》等副刊。民國二十年（一九三一）在南京編輯過《新民報》副刊《葫蘆》。他的大量文稿雖在多種報刊刊載，但長期來則以《新民報》為主要陣地，他在《新民報》連續工作近二十年。在《新民報》擔任主筆，曾編過重慶《新民報晚刊・西方夜譚》、成都《新民報晚刊・出師表》、南京《新民報晚刊・夜航船》、《新民報・駝鈴》。一九四九年五月主編上海《新民報晚刊・晚會》。他深受《新民報》老闆陳銘德、鄧季惺的器重，他辦報筆鋒犀利，版面活潑，取稿精審，可讀性強，擁有穩定的讀者群。

張慧劍撰寫的文稿以文史為主，楔入現實生活，總數相當可觀，主要有《西方夜譚》（編著）、《辰子說林》、《微燈》（後改書名為《馬斯河的哀怒》）、《賽金花故事編年》等。一九五三年，張慧劍曾寫出傳記作品《李時珍》，後改編成電影劇本並拍成電影。一九五六年，北京人民文學出版社請他為吳敬梓的《儒林外史》作校注，他歷時半年，圓滿地完成了任務。一九五九年開始，已當選江蘇省作協副主席和省文聯委員的張慧劍在有關部門安排下，又著手編寫《明清江蘇文學人物年表》。這部書著錄明朝洪武元年（一三六八）至清朝道光二十年（一八四〇）之間，有關江蘇省文人活動的情況，包括他們的生卒、著述、繪事、交遊等。張慧劍考訂特別引用了大約一千五百種文獻資料，《年表》各條都注明出處，相當用心。

張慧劍學養深厚，涉獵廣博，《辰子說林》便是他的著作之一。該書是張慧劍於一九四一年到一九四五年期間，在成都《新民報》主編副刊時撰寫的專欄文章，抗戰勝利後在南京編輯成書。初版於一九四六年，是南京《新民報》文藝叢書之一。張慧劍生於一九〇四年，該年是農曆甲辰年，因而就取「辰子」為筆名。《辰子說林》全書涉及極廣，舉凡史實考辨、古今掌故、時局評論、遺聞搜尋、里巷稗史無所不包，雖每則僅數百字，短則只有百字，但屢屢有超人之眼識，精闢之見解。短小精煉，而令人回味無窮，有古代筆記小說餘韻。

另外張慧劍在擔任《新民報》編輯時，將所負責的專欄短小文字集合而成一本《西方夜譚》，這是他所編的書，一九四六年出版，也是南京《新民報》文藝叢書之一。此書作者約五十位，左中右的作者都有：既有知名的人物（如吳稚暉、高語罕、老舍、夏衍、易君左），還有一些援用筆名及微型的文人，前有發行人陳銘德寫的序文。書中內容非常雜，三教九流、天文地理無所不包，約略可分：其一、涉及時事，抒發個人所見。例如，關於國民參政會中有人提倡恢復讀經；藉由書寫首都南京舊事，激發民族情緒；談卓別林（Charlie Spencer Chaplin Jr., 1889-1977）電影中諷刺希特勒（Adolf

Hitler, 1889-1945）。其二、對史事人物的回憶。如已經逝世許久的李鴻章、黃遵憲，乃至於陳三立、林庚白、蔣百里等。其三、抗戰期間後方的地景介紹。像是重慶生活、成都花會，還有鄉居農人日記。書的最後一標題〈辰子詩〉數首，應為張慧劍個人之作。

張慧劍的編輯很有特點，《西方夜譚》內容新舊相容、「百戲雜陳」，但這些文章經他之手，一般都被點鐵成金，意韻無窮，且文章出現得恰是時候，與當時的社會熱點絲絲入扣。他極善於綜合組織版面，或大刀闊斧，或精雕細啄，又能讓各個社會階層的人愛看，他被人稱為「副刊聖手」是當之無愧的。

辰子說林

重慶之樹

狄更司寫維多利亞女王時代之倫敦，有數點頗似為吾人今日行都之重慶寫照者。如屢寫霧市夜行，讀之頗生親切之感，而其《尼古拉司尼克而貝》一書中，描寫倫敦之樹被煙熏炙，憔憔無生氣，語句婉雋，尤可笑也。

吾所居一旅邸，有隙地植數小樹，如矮嫗坐地乞錢，三年以來，未嘗見其一花，邸主即以此數樹而侈然自名為園。吾嘗研究其何以不能蔥鬱成長，蓋根下為石岩，主人略以數寸之土培之，其上則終日煤灰飛揚，空氣中如挾熱流，任何多情之樹，在此境中亦不能望其壯大。《尼古拉司尼克而貝》寫倫敦人家屋後之樹，情形大率類此，狄更司且係以雅謔曰：「倘在秋高氣爽、溫度適中之時，亦有垂癱之瓦雀來此拜訪，於是倫敦人即名此勝地曰園。」固宛然吾人今日之重慶也。

狄更司善以定慧安詳之筆，寫破爛昏狂之都市，每讀其作品一次，輒覺此百年奔逝之時代重現目前，健哉此作家也！

廬山片石

戰前之五六年間，廬山為政治中心，四方冠蓋輳集，不時亦有二三奇特之人物點綴其間。某年，蜀有王揖唐其人應召至廬，主政者將有所諮詢，而王之本意實為干祿來。彼時段合肥方南下不久，安福舊宦頗為中樞所注意，王復能貌飾清流、偽裝風雅，在廬乃成為一時活躍之人物，詩酒之會殆無虛夕，歪詩爛唱，咸載某雜誌之采風錄中。某君謂此時之采風錄可作政治文獻讀者，皆此輩為之也。

惟陳散原先生深薄之。先生時亦以逭暑至廬，不免被擁赴會。先生素端厚，不欲直斥其人。一日，眾偶談及廬山之石實為大觀，先生喟然曰：「當然！廬山任何矮石皆高於新貴一首，非新貴皆矮於石也，新貴之首常低而廬山石之首不低也。」一席哄然，揖唐時亦在坐，踧踖而已。

亞米契斯

亞米契斯之《愛的教育》，為人類有數之好書。其發揮人性之美，入於化境，說者謂其書中之人物，如白玉雕成之人像，精緻聖美，若非可求之於現實世界者。義大利能產生亞米契斯，此義大利之光榮也。然而墨索里尼不喜之。亞氏之友孟德格查，仿其體例為《續愛的教育》一書，則一反亞氏之情感論，而注意於意志訓練。重鞭策，輕感化。重為我，輕為人。蓋拾取尼采學說中最無價值之一部分穿插成書，自形式的人格教育言，固自有其見地，然而視亞氏原作，殊下乘矣！墨索里尼乃深喜之，自云一生事業，實以此書之啟示為其基礎云。

墨氏之思想水準，不夠理解亞米契斯而只可懂得孟德格查，此墨氏所以損失拉丁民族之優點，而參加宰割法蘭西之悲劇而無所愧怍也。

領袖詩

奉化以政治武功震耀全世，為旋轉中國近代歷史之巨人，平日於文藝作品似未甚措意，顧聞之奉化近侍，則固亦有相當之興趣也。

先生帷幄中所拔用之文士，多鄞江數縣籍，此間文學本自成一流派，世稱「慈溪文體」，老輩中如馮君木先生等，文致高古，非一般人所能至。陳布雷先生即出馮先生門下，故其作品，無論「文」「白」皆密栗精嚴，殆無違於慈溪派「不苟作」之訓者也。

奉化幼學於某翁家，某翁為粹然儒者，不甚重視文藝，顧為開發少年思境計，亦間以詩詞為課。奉化十二歲時，作詠竹詩，得斷句云「四望山多竹，能生夏日寒」，簡練而有味，《民族詩壇》錄載之。

天津

天津為一商業市，甚少文化上之遺跡，某君居天津二十年，不喜其地，嘗語予曰：天津儀有兩人值得思慕，一為李叔同，一為費宮人。叔同後期生活入於寂滅，思想所趨，無可如何，否則以彼之文學天才，殆為近三十年來罕有之人物，不致無所表現也。豐子愷君以風格飄逸，成為藝術界獨特之一型，實則具乃師之體而微。民國二十五年春，予客杭州，曾至虎跑寺訪叔同，則已入閩，寺僧指其殿後居室示予，環堵蕭然，架上留書僅數卷，皆經典而非世諦文字，寺僧謂叔同每閉戶數日不出，修養已入化境，戰後流棲無定，示寂於閩。

費宮人為國中著名之傳奇人物，《刺虎》一劇得高明之老伶工演之，似益淨化其人格。彼亦津人，有故居在天津城內，巷首立一大牌坊，橫書曰「明費宮人故里」。予曾跡得其地，則小市甚煩囂。「七七」戰後，津保安隊抵抗甚勇，城內曾作巷戰，此里或已毀矣，引領北望，為之惘然。

汪四

胡展堂曩在廣州，作打油詩，有一句云：「譚三汪四總關情。」譚三指譚組庵，組庵行三，家人皆呼為「三相公」，陳散原先生即嘗摩其頂而如是呼之，其事去今已四五十年矣。

汪四則為汪逆精衛，據汪曩在《東方雜誌》所作《自述》，彼在弟兄姊妹中行次最幼，當不止第四，曰「四」者，殆僅就男性之行序言之也。黃復生作北京大獄記事，描寫汪被捕時景象，謂有小廝名小達子者奔告汪：「四老爺，事發矣！」亦一證例。

汪逆之父名琡，以遊幕為生，晚年耳聾，家境甚苦。汪逆少年期之生活，強半尤其長兄兆鏞任之。兆鏞即廣州人所謂汪憬吾者也。性頑固，反對民國，終身恨其弟。數年前，汪既榮任行政院長，迎之至京，留連數日，與逆婦陳璧君哄而去，未幾，死於澳門。

女大使

在吾心目中，中國有一柯倫泰式之女士，為代表中國出使美國最適當之人選，惜國內人士甚少注意及之，願申數言，待徵他日（按：柯倫泰為蘇聯駐外女大使，曾使墨西哥、挪威諸國）。

美國為一博大質實無所不容之國家，為現代諸國之胃力特健者，對於一切外來人物，似皆抱有歡迎之熱忱而不雜含何種成見，自表面觀之，似出使美國最易，而實際則不然。

一個外國使節在美國，單純依賴其外交知識與外交手腕，未必即能打動美國人之心弦，而使外交之運用發生強力，必也，於豐富之美國知識而外，輔以高尚之宗教名望、熱烈之宗教精神、坦白直率之處世風格，如為一曾受第一流教育之女性，尤能引起美國人之普遍注意與欽崇，而因以推進其善好之輿論也。

在今日國中，有一女士實具備此諸條件，為使美之最適當的人選，惜國內人士甚少注意及之。

卓別林與德國

自《獨裁者》一片出，而卓別林與希特勒正式宣戰，善為「激怒希特勒」工作之美國報紙，故意擴大卓別林對於自身鬍髭商標權之談話，尤足令希氏喪氣。其實，若干年來，卓別林之影片在德國不僅為禁品，且為嚴格之禁品，獨裁人物之本身即缺少愉快生活之體驗力，卓片與希特勒之生活觀根本不相容，縱捨棄其政治諷刺的一點而言，卓片亦非納粹德國所歡迎之物也。

然而此僅就納粹當政以後之情形言之耳，以前，卓別林固為德國人所最喜愛之人物，德國人民之一般文化程度較高，更易理解卓氏之優點。卓別林之世界紀行文字，寫其二次訪問柏林時所得之深刻印象，包圍阿都倫飯店之德人狂呼「卓別林萬歲」，說者謂卓氏享受德人之「萬歲敬禮」之歷史，實早於希特勒三年。卓氏文中，以熱情之筆調寫其觀基亞洛喜劇，與瑪琳黛得麗共餐，與愛因斯坦夜話，實當時柏林文化生活之高潮，今一切皆成陳跡矣！

鋸木皇帝

德廢皇威廉二世，遁居荷蘭之都恩凡廿三年，以老病卒。當巴黎和會初開時，協約國必欲得之而甘心，勞合喬治為買取選民歡心，且公開以「縊殺愷撒」為口號，日日叫囂於英倫各演說會中。迨凡爾賽和約簽字，協約國成立特別法庭，準備審判此沒落皇帝，與登堡亦以殘忍好殺之罪名同時被控，結果，格於當時外交之復雜情勢，兩審判均未能實現，僅以十二個普遍德國軍官之輕微判決，了此一局。

其後廢皇即在都恩度其怡靜無擾之生活，世人僅於報紙上飫聞其「鋸木」之盛業，並知老皇在二十年之不斷努力中，已砍殺都恩森林之六千六百樹矣。

先乎此者，尚有俄廢皇尼古拉二世。時在一九一七年，為俄皇授首之前一年，其全家被幽禁於托波里斯克，俄皇無聊之極，日以鋸木為消遣（見瑞士人伊里雅所作《尼古拉二世及其眷屬之厄運》一書）。鋸木皇帝，無獨有偶，心理學家分析此種心理，謂係人類之野蠻破壞性的遺留，蓋此身已入囚奴，權力全被否定，滿腔憤恨，僅有向靜默之自然儘量發洩而已。

同此一手，前日用以簽發宣戰文書，置千百萬人於死地，今日乃只可鋸木，殺一荏弱無言之樹，真現實之一嚴酷諷刺也！

《聖經》改譯

《新約》、《舊約》書在西洋文學中佔有地位，而在我國，譯於一般牧師文學家之手，雖信其誤譯之處較少，而文學上之估價亦甚低矣。

現時流行於國中各地之《聖經》譯本，文字淺陋，句法亦不條暢。顧無人注意及於改譯問題，西洋人士多以《聖經》為治文學者之入門，在中國僅能貢獻如是之譯本，將何以對基督教上於天上乎？

十餘年前，林紓先生未死，頗傳上海某教會擬聘先生試譯《聖經》，論價二萬元而未定。吾意此職亦非「譯盲」之林先生所能勝，當時曾發一想，倘譯《聖經》為兩種形式，一為文學譯本，延嚴幾道先生為之（時尚未死），一為通俗譯本，延伍光建先生為之，不知效果如何？惜戰教會機關密植如林，而無一具有氣魄與手腕者注意及於此問題也！

悲劇之髭

卓別林以善演喜劇，成為世界人物，然卓氏之所演皆悲劇，非喜劇也。

卓氏以喜劇之方式，寫出人間諸悲劇，無不深刻動人，而其別出心裁所裝置之短髭，尤有助於其人物性格之表現。此短短之一撮，實為悲劇之象徵，吾人見卓氏之短髭，立即可聯想及於妄誕、狂熱、滑稽與懦怯，凡此種種，正為一個悲劇人物（一個弱者）的復雜性格之諸面。羅曼・羅蘭謂卓氏之髭，象徵一種無可慰藉之愚妄的幻想，亦此意也。

當今國際名人中，乃有二人影戤卓氏之「商標髭」惟恐不肖，此摹仿正與其本身之性格相符合，換言之，即與其妄涎、狂熱、滑稽、懦怯諸復雜性格相符合。此兩人為何人？希特勒與近衛文麿是也。

卓氏之髭可笑如此，而其劇中之人物本身，類皆能保持一種真純之人性，故全劇雖充滿挫折、失敗與受苦，而自有前途，希、近二氏蓋猶不足以語此！

希臘

讀拜倫《哀希臘》之歌，至「法蘭之人烏可托矣，其王貪狡不可度兮，所可托兮希臘之刀，所可任兮希臘之豪，突厥慓兮，拉丁狡兮，雖矛盾之堅兮，吾何以自全兮？」數語，雖極愴惻而氣甚旺，蓋悲憤不忘戰鬥，此拜倫詩歌之最大特色，所謂「向陽之嘯，生命充溢」者也。

拜倫不及眼見希臘之完成獨立而死，然五年之後，希臘終於蹶然興矣，惜乎其後之百年歷史，陰闇庸俗，迄無光大之象，不僅有忝往烈，亦且愧對此熱情奔放之異國友人也！

義希戰事爆發後，英國遠征軍中亦有袖攜拜倫此詩同行者乎？試三復讀之，當能體會拜倫之偉大胸襟，超越國際利害之狹隘觀界，意識此力正義之戰而慷慨歌呼以往也！

小林娜

可念哉！丹麥國之未來命運也。吾人於北歐諸國素多情感，安徒生為吾人所造之豐富濃郁的童話世界，疇不熟悉而深愛之乎？以吾人之情感言，對丹麥尤惓惓。

此日德蘭半島之美麗古國，豈竟以稱臣匍伏於褐衣豪主之足次，為其終極不變之命運乎？近重讀安徒生之《拇指林娜》，若有所感，此中殆充滿復興之機兆，可為丹麥國運之前途歡樂也。

小林娜者，雖長僅一拇指，而有志氣，好光明，爭自由，彼胸中自有廣闊之天地，不願婚於兇惡霸道之醜蝦蟆，亦不願婚於沉悶多財之瞎地鼠，一切劫持與誘騙，彼皆能跳免，而後從一高飛之燕子以去。燕子者，自由獨立與解放之象徵也，倘以小林娜喻今日之丹麥，則丹麥未來之命運，必以自力更生，醜蝦蟆式之黷武暴君與瞎地鼠式之雄財老國，皆非丹麥所欲依存者也。

懿歟小林娜，勉之丹麥國！

胡適之五十歲

某歐人嘗曰：「中國為數千年之老國，而其國家有一特徵，即青年人當今是也，試觀世界各國，青年將軍、青年教授、青年大使之多，無更過於中國者。」

此為「少年中國」之一特點，然而同時亦正表現一種弱點：蓋國人之年齡觀念，通常較歐美人為短，五十歲在歐美政治生活中為青年期，在中國則已漸近於隱退期。從事政治活動之人物，如至五十歲猶不得志，便怨天恨地，歎老嗟貧，準備進士，下世再幹，其僥倖得志者，亦不能遠視其政治生命。在英國內閣中猶帶乳臭之古柏艾登之流，亦靠近五十歲矣。

使在我國，則已養鬍子，蓋別墅，預請名人作墓誌銘矣，五十歲之人物，甚少抱有幹至七八十歲還要幹之信念，造成心理上與生理上的早衰現象，某歐人所云「中國由青年人當今」，一方面固為新精神之表現，一方面亦正暗示中國青年人沒落與衰退之速也。

青年大使胡適之，亦五十歲矣，輒書所感於此，不知二十年後，國府會再簡派胡適之使美否？

女郎

與某教授小憩咖啡座，燈光似潑乳，客來如夜潮，教授指旁座一女郎曰：「惜哉，全世界軍需品商人也，造什麼軍火，如拿來裝扮裝扮這些女郎，豈不甚好？」闔座聞之甚疑，教授乃曰：「居，吾語汝！見此女郎之白絹披巾乎？造此種人造絲之賽璐珞，又可以造無煙炸藥。見女郎靨上之黃粉乎？其中有某種轉化物，製粉可也，製淚氣與芥氣亦可。見此女郎之白玉雙手乎？香皂新濯之後，固爾，而香皂之主要原料甘油，實亦製造炸藥之重要化合物也。又試嗅之，女郎身傍散布之香水氣味頗迷人乎？但請勿忘，造香水之氯氣，亦即製造殺人如麻的毒氣彈之氯氣也！」

教授又曰：「同一化學品，用於裝扮女郎，如此其美；用於殺人，如彼其醜。吾恨全世界化學軍需品商人，奈何不改行為化裝品商人也！」

教授言已，一座咸嘻，一客徐徐言曰：「怪底新聞記者描寫市上女郎，每好曰嗅之有火藥氣，吾今乃知其故也！」

兩聯

洪秀全定都南京後，雖稱為革命之師而措施多不如人意，僚官登進尤濫，又為清軍所困，蟄伏金陵一隅。當時流傳一聯，刺之甚切：「一統江山，七十二里半；滿朝文武，三十六行全。」

汪逆精衛盤踞滬西時，穴居如鼠，而其人雅慕袁世凱，屢以為言。遂亦有人製一聯嘲之：「國祚不長，八十幾日袁皇帝；封疆何仄，三兩條街汪政權。」

章宗祥

中華賣國賊，史稱「曹、陸、章」，然諸人似尚能晚蓋，反之，昔日趙家樓之打手，如梅思平等則翻曳尾泥塗，相形之下，遂益醜惡不堪。

章宗祥者，於三人中名最穢，當時受辱亦最甚。其後縮居不出凡二十年，偽府群奸刺知其津址，屢鉤之，汪逆尤惺惺相惜，章之於汪蓋有一重恩怨關係，汪或且猶以念舊為言也。

汪逆舊日在北京謀刺載灃，事發被捕，清廷之民政部大臣善耆受審之，章宗祥時為民政部右丞，主持一切庭審事務。善耆老猾，知革命之烽不可遏，欲寬汪以市惠，章乃仰承上意，曲為開脫，汪得不死，而獄居未甚荼毒，亦章隱為之地，此汪當日所不諱言者也。

《翻譯世界》

提倡翻譯之風氣，四十年前已然矣。梁任公嘗喻之為吞食生果，又嘗述一事：

時在民國紀元前七八年間，上海有刊物名《翻譯世界》者出版，於申新各報遍刊廣告，充塞若干日本名詞，大抵用之不甚愜當，最怪謬者，則告白之首大書曰：「二十世紀之支那，一翻譯之時代也！」

任公述此事已，斥之曰：「時為一九〇二年，去二十世紀之全期尚有九十二年，使此九十二年間，中國僅得為翻譯之時代，中國之學術前途尚可問耶？」

任公死已十年矣，今為一九四一年，去任公發牢騷之日（一九〇二年）又三十九年矣，中國之翻譯事業雖有進步，而中國至今不能脫出翻譯之時代，此《翻譯世界》之談言微中，而任公之所悲也，將何以慰此一代學人於地下耶？

厲秋芬

在第一次世界大戰中，以擊落敵機八十架握持空戰最高紀錄之德人厲秋芬，死時僅二十六歲。自空中射殺之者，加拿大人羅威布蘭上尉，一正患劇烈之胃病，每日純恃白蘭地與牛乳而生活的極不健康之人。

其時為一九一八年四月某日，在德軍崩潰乞降之前七月，厲氏以追擊美機，深入敵陣之上空，為布蘭之一機所乘，自其後躡擊之，遂殪。

英人得其遺體，狂喜，統帥部命以軍禮葬之，六位皇家空軍戰鬥員為扶柩，導以澳大利亞步兵一隊，倒懸其槍，且於封穴之前向遺棺施放排槍三次，此為軍禮之最隆重者，英國統帥部以此待其最可惡而可敬之敵人。

先日，德國空軍獵擊隊第十一組聚議（此為厲氏所轄之一隊，戈林曾繼任此隊隊長），擬大舉空襲，奪取厲氏遺體。其法為與炮兵合作，指示目標，使炮兵實施掩護炮火，將其地完全遮斷，然後以數機降陸，載回厲氏遺體。興登堡斥此舉為全部狂妄，批駁之不許實行。

戰事結束後之第七年（一九二五年十一月），英人歸其柩於德，興登堡大總統為舉行國葬。希特勒執政後，復強度喧染其事，以對全德意志人民施教，使人人皆有對此「英雄範本」臨摹之勇氣。據統計，在一九三六之一年中，德兒童以曼菲德（厲秋芬）之名為名者，在千數以上。

桂太郎

敵閥北進之姿態日益顯明，其終必破約犯蘇，殆無可疑。倭報有重複四十年前日俄戰史之敘述，而隱然以桂太郎屬望於當軸者。彼乳臭小兒，何足以當此？然桂太郎在敵閥心目中，固為共同之帖本，方摹之唯恐不肖也。

桂太郎所示教於此輩軍閥者，第一為「升擢之速」，留德歸國後僅任陸軍大尉，未數年即升中佐，又數年，以大佐隨山縣有朋遊歐，歸後便成少將，補陸軍師團長，其後無年不升，至明治三十年，驟升大將而為陸相，復進而組閣為總理，主持對俄之戰。

桂太郎之才力，比較今日敵閥之群小自為優秀，顯亦非真有何雄才大略，其政治地位升遷之速，半尤其善做官，半亦由於派閥關係，蓋其時長閥當政故爾。

大學禁授哲學

張香濤在清末政府中，號稱最開明之大吏，好談新學而實無知，其奏辦湖北學堂章程頗多笑柄，如公開非難西洋哲學，謂近來士氣浮囂，專取其便於己私者，昌言無忌，詞鋒所及，倫理國政，無不譏彈，揆厥原因，實為學習西洋哲學之流弊，故特禁止講習此課云云。

張欲澈底封鎖思想界之自由而歸其罪於哲學，且誇誇而談，頗具有毒殺蘇格拉底之古雅典人的遺風，然而蘇格拉底時代去張氏當時已二千餘年矣。

未幾，清政府成立京師大學堂，起草學制課程，命張參與其事，張仍斷斷持其昔論，張百熙輩不能爭，亦不敢爭也，故大學初期不講哲學。

色當

此次歐戰爆發於一九三九年九月一日。希特勒何以選定此日動手？謂為客觀形勢推演之所致，可也。謂為希特勒內心之一種神祕衝動，亦無不可也。何也？九月一日實德意志人之勝利紀念日，亦即所謂色當會戰勝利紀念日也。

在一八七〇年之普法戰爭中，老毛奇所表現之軍略色彩，為奇險而精巧。格拉維絡之戰與色當之會戰，所運用者為同一之戰略原則，此項戰略原則，即後被稱為「色當戰略」者。戰鬥之態形，係迫成以敵國之內境為脊，而面對本國之陣地作戰，言精巧固精巧絕倫，言險悍亦險悍極矣。世人好言色當戰略，以為喊兩聲「兩翼包抄，中心突破」即畢乃事，而不知其中所含之微妙關係，非其人非其地而用之，必致僨敗。如倭寇對我作戰數年，幾無日不以色當戰略自誇，占一小村、越一小河，亦曰此色當戰略也，爬一小山，穿一小城，亦曰此色當戰略也，此在世界軍略史上極莊嚴名貴之一名詞，竟成為東洋王麻子口中之狗皮膏藥矣！

美利堅多翁

最近美國有八十歲以上之老兵二人請求重新入伍，新聞紙嘩讚之。此為美國之特色。美利堅多「翁」，而翁多「矍鑠」。依衛生常理言，美國之官能享受為全世界冠，官能享受之極度，最易損壞健康而短縮生命，何以美國人平均壽命乃較他國人為長？此則當歸功於衛生設備之普遍周密，及一般人對於健身運動之信念盛旺。

日人和田萬吉嘗輯譯歐美笑話為一書，中有一則，謂林肯時代，某人遊美，見一翁追責一翁，客往解之，一翁詈曰：「吾訓吾子何預爾事？」更有一翁躍而出，遙訶曰：「訓子則訓子耳，胡反嫚客？」則又此翁之父，蓋三世俱在也。

雖笑話，亦自有其真實性。

攻琉球

甲午中日戰役，士氣亦頗激昂，特導之不得法，遂亦不獲發揮。吾人檢視當時記載，見盈廷戰議，多極幼稚，蓋心熱而視短，實無可厚非也。

最有趣者，則當時紛紛上書軍機，建議攻日之策，有所謂「圍趙救魏」說，則主張避與日本正面決戰而側攻琉球，謂如此則日本必移朝鮮之兵以救琉球，我軍之圍可解。又有人上書張之洞，亦以進攻琉球為救朝鮮之策。

此外更有人建議，以舟師進擊日本本土，企求在長崎對馬登陸，此議發於中日海軍未決戰之前，中國海軍尚未喪失其攻擊力，故一般人以此望之，惟海戰原則，以殲滅敵海軍、奪取制海權為第一義，單純之敵境攻擊，在軍略上為無意義之冒險，此則非當日一般人所盡知者也。

顧少川

昔日被稱為青年外交家之顧少川，今亦霜髮盈顛矣。

顧氏之三十年政治生活，除於民十三至民十五之三年間曾兩為閣總外，其餘時間殆完全消耗於外交官之生活。中華民國之外交史，實以對日外交為主要部分，故顧氏一生所經歷之外交戰役，直接間接殆全以日本為對象。

「九一八」爆發後，中國代表與日本代表在國聯之兩大舌戰，顏駿人擊敗佐藤尚武，顧氏則擊敗最憊賴難纏之松岡洋右，猶憶國聯行政院因討論李頓報告書而召開會議，主席者為國際著名之冰面人凡勒拉（愛爾蘭總統），聆顧氏之談言微中，亦為之莞爾也。

外交戰與軍事正同，衝鋒陷陣與運籌帷幄原為兩種才具，若顧氏者，吾人始終認為，使之被重鎧、張大纛，直接蕩決於外交疆場，實今日國中之第一等戰將也！

五味

暫離重慶，所經各地，常有以重慶之生活實況殷殷見問者。任何人似均抱相同之見解，即對於重慶挨受敵機狂炸之堅忍力，表示甚大之驚異與佩慰是也。

道出資陽，與一老人談話，此老為一具有豐富的幽默感之川人，彼謂現時之四川，可謂五味俱全，倘須列表，則當書之曰：

甜內江（其特產為糖）
鹹自貢（其特產為鹽）
酸保寧（其特產為醋）
辣資陽（其特產為辣食品）
苦重慶（其特產為堅苦卓絕之吃苦精神）

此叟之言，雋而壯。吾則另有一感，即重慶現時已成為華族之膽，膽味屬於苦，可與叟論相發。古希臘人以熱情勇敢之人為膽液質入，然則謂重慶為膽液質的重慶可也。

武穆東視

岳武穆與秦檜，在現時國民心理中，已走下歷史的陳頁，注入更多之生魂而「生人化」，成為眼前兩種人物最鮮明之代型。此點，雖倭人亦知之。於是，淪陷區中，有藏武穆畫像與「還我河山」題字者，亦每每有被指證為游擊隊、便衣隊之可能。倭人蓄意欲消滅我敵愾心理，竟不惜向吾人之歷史挑戰，可恨亦可笑也。

因憶北平精忠廟（北新橋畔）所奉武穆全身甲冑塑像與他處不同，蓋其面不向正南而作東視狀，按照歷史方位，武穆當時之敵人實在東而不僅在北（所謂「痛飲黃龍」者是），此像作東視狀，極為寫實，今日吾人見之，尤增「現實感」，國人對於「最後勝利」之「最後」應作如何解釋，亦可以思過半矣。

鼠竊狗偷

一九〇四年，日本戰勝俄國，倭人自謂此戰為其國運轉折之點，其實當時之俄軍太窳，軍備僅虛有其表，故一擊而潰，法國之諺語曰：「打敗一群斑馬，不得謂之戰勝。」此語可以移贈。

雙方係於是年二月十日各以皇帝名義布敕宣戰，實則軍事行動已於兩日前開始矣，蓋日本政府於宣戰前二日，即由東鄉率艦隊祕密駛向旅順，於旅順口外見二俄艦，出不意猛擊之，俄艦顚頂，遂敗，故俄皇之宣戰詔書取此為理由。未經公告宣戰，而以鼠竊狗偷之方式襲人不備，此今日日本之慣技也，而不知四十年前已然矣。

當時東京發表之戰報，有「我艦依計而行，決意使驅逐艦掩擊敵艦」之語，括括而談，殊不慚怍，無人格之日本國家，歷史之教訓已如此，尚何言哉！

戰敗國之勝利

歷史設立一頗為有趣之通例，即兩國戰事結束以後，反映戰役現實之作品，在戰敗國方面之成就，每每優於戰勝國。

歐美學術界公認，描寫第一次世界大戰最佳之書，為某德人所作（忘其名，我國有魏新譯本，商務出版，名《歐戰時的德國》），磅礴深郁，堅實流利，內容技巧均為上上作品。讀上次大戰史書近百種，無一能過之者。

蕭伯訥有言：「英國人何時始能雪被波爾人征服之恥乎？」在南非戰事中，英人明明征服南非人，蕭翁何以言被波爾人所征服？蓋是役英人獲勝，而文學則劣敗，關於記錄英波戰事之書，波爾人先後凡出數十種，皆於軍事貢獻甚大，著名之《義戰記事》，即波爾人斯達因氏之作品，而英人於兩世紀中僅出數書，且簡陋不值一讀，故蕭翁以為敗也！

在去年歐戰之短促一期中，各戰爭國所出之書，較為可讀者為法人莫洛阿之《法國悲劇》，尚不足引以為例，而已可微見其端矣。

威爾遜

故威爾遜總統晚年病甚。族兄仲逵曾於華盛頓戲院中見其來觀劇，髮既全白，且癱廢不能步，兩人夾持之出入。美國人民對此退職總統，亦淡然若不相識，出入戲院，僅少數人起立致敬而已。

吾兄歎曰：威總統洵為政治的悲劇腳色，然於晚景之淒涼寂寞如此，實吾之所不及料也。

第一次大戰後，和會初開，威爾遜總統聲勢顯赫，成為當時世界之第一人物，不幸以書生從政，對外交之認識過淺，終為「虎狼兩政客」所弄（兩政客為勞合喬治與克勒滿梭），在和會中一敗塗地。然而其所標示之十四條原則，不但具備相當的內容，且亦充溢一種道義精神，所謂「懸之國門，不可以易一字」者也。歷史長留此不朽之一頁，威爾遜固失敗而不失敗也！克勒滿梭最恨十四條，於和會中背詈之曰：「上帝只有十誡，威爾遜何人，乃有十四誡！」又詈曰：「勞合喬治不過想做拿破崙，威爾遜竟欲為耶穌基督！」

今羅斯福總統與邱吉爾首相之八點宣言，說者以為是十四條精神之繼承，其實不止此。羅氏之手腕堅定，與威氏之執策遊移不同，現時之美國民眾，與威爾遜時代之拆臺主義又不同。八點宣言出之以國際宣言之形式，與十四條目的在尋求他國公認之性質又不同，雖其字面比較抽象而寬泛，顧其終必為戰後建設和平國際之理論基礎實無可疑！

若就其文獻的價值而論，自十四條原則至八點宣言，自威爾遜至羅斯福，皆能保持一種高尚之美國傳統，更不待言矣！

律師房

有自青城山歸者，謂於某道觀中見一殘額，書曰「律師房」，頗以為疑。其實，此古制也，今之所謂「法官」、「律師」，皆道教中職官名詞。道教始祖之老子，以「無法無紀」、毀棄一切典章文制為其立說之則，而後世之司法官吏職名，乃假用道教中之職官名詞，此一大矛盾之事，亦一有趣味之事也。

四「庫」全書

漫畫家張樂平言：

廿六年滬戰發動後，旅滬之漫畫工作者結隊晉京，受政訓當局之編導，從事抗戰宣傳，意氣高揚，而生活則至艱苦。諸人倉促成行，未攜冬衣，值十月寒季，相顧瑟縮，某君實不能耐，則著單褲四條，蹣跚行道上，逢人輒自介曰：「我，四庫（褲）全書也！」

聞者皆笑，當時之熱情甚可念也。

韭菜

故詩人陳散原先生，為中國詩壇近五百年來之第一人，不僅學力精醇，其人格尤清嚴無滓，足以岸視時流。寇陷北平，先生困居危城，音問斷絕，而時論不翳，使在他人，且不免疑謗之交集矣。

民國二十二三年，先生腰腳尚健，曾歸金陵小住，有以輕車載之往遊陵園者，出中山門，見道旁秧田成簇，豐腴翠美，先生顧而樂之，語其車中同伴曰：「南京真是好地方，連韭菜也長得這樣齊整！」聞者大噱，以為先生故作諧語，而先生穆然，蓋真「不辨菽麥」也，其心地渾厚質樸如此。

先生不喜人稱以「西江派」，嘗與其門人故胡翔冬教授談：「人皆言我詩為西江派詩，其實我四十歲前，於涪翁、後山詩且未嘗有一日之雅，而眾論如此，豈不冤哉？」翔冬乃曰：「世猶有稱吾詩為學先生之詩者，若以此例之，豈不也是冤哉？」先生亦大笑。

英人自寫倫敦失陷

時在一九〇五年以前，英人頗自恨其陸軍之腐敗，名將羅白芝屢向國會建議整軍，國會輒一笑置之。倫敦之小說作者衛禮雅乃虛構一書，描寫英德開戰，力寫德軍登陸之勇與作戰計畫之周密，而反照英軍之麻木雜亂與無能。十日之間，無戰不敗，終至倫敦失陷，雖最後賴國民一致奮起之力驅退德軍，顧國譽所受之損害已甚大矣。書既出版，英人大憤，次年，國會乃通過陸軍改革案。

此書之出，猶在第一次歐戰發生之前十年，故其假想故事中，戰略之簡單、場景之狹陋、戰術之平凡，不第不足以望今日之大戰，即比之一九一四年大戰，聲勢亦相差甚遠，然有一點寫之甚熱切，極足提撕今日英人之警覺者，即德國第五縱隊在英陸之活動獲得充分效果，實為德軍順利登陸之重要因素也。

書中寫德軍最先祕密登陸之地為雅穆斯，主力登陸之地為瓦什灣各港地，德軍截英軍為二，一在曼徹斯特、伯明罕一帶被圍攻（大部被殲滅），一在盧敦、倫敦一帶被德軍壓迫向南撤退，倫敦失去北部之一半，政府急遽北遷，南倫敦之市民漸起而與正規軍會合，遂成為反攻獲勝之基礎。

書中寫威廉二世曾到英境視察，敗後即微服易小艇逃去。

羅素

歐戰嚴重期中，紐約忽發生一不愉快之事，有一美國婦人，竟以羅素教授所提倡之自由戀愛學說為誨淫，控之於官而勝訴，羅素且被解聘，此在英美之文化邦交上，不可謂非一小小之憾事也。

羅素在英國學者群中，以最富於美國氣質為世所稱。其人精研邏輯與數學，而個人興趣偏於政治哲學，所唱根本改造社會之論，有譏為浪漫空想者，然見解精闢，固嘗為一時代之指標。二十年前來華講學，其議論甚有助於吾人之「五四」思想運動，不謂今日乃受辱於紐約一頑婦也。（吾意，羅素之學說似尚不致即激怒美國教會派人士，其引起紐約婦人之反感而借題起鬨者，恐大半原因在對其私生活印象之不良。）

大戰之於羅素，可謂惡運之日矣。第一次大戰期中，羅素以反對戰爭，竟失去教職，後且被英國政府捕而置諸獄，凡六月始釋出，此次又挫於美，何其不幸也歟？

閃擊與滲透

德軍之所謂閃擊戰，初用之於波蘭而大勝，小試之於挪威亦能挫敵，茲乃大行之於攻荷、攻比、攻法諸役，而充分發揮其作用，此其情形，頗似一九一八年三月德軍在西戰場之最後攻勢也（路透電亦嘗如是云云）。

在第一次大戰之全部戰史中，足以示教後世之猛烈攻戰，固隨頁而有，第若論其攻勢之猛、壓力之洪、反應之強大，殆不得不推此役為全史之第一。建策者為德將虎底埃，而魯登道夫修正使用之。其特點為舉行絕對攻勢，以排山倒海之勢攻入一點，然後盡最大之可能行使躍進，換言之，即以絕對優勢之火力施行絕對優勢之壓擊，而以突入敵境連續佔領敵之要點為「必策」是也。當時之英法美聯軍，對此來勢，其錯愕驚駭、不知所措之程度，殆與今日之同盟軍彷彿。英人稱之曰「瘋牛攻勢」，法人則名之曰「滲透」，今之「閃擊」，事實上即昔之「滲透」也。德軍在是役中共使用一百九十七師，合協約國軍隊全部之用於是役者，尚少於德軍十師。「滲透」之結果，協約軍果不能當，而造成德軍之渡橫瑪因再迫巴黎（德軍是時距巴黎僅四十四哩），顧連續五次之攻擊，德軍愈戰愈疲，終之而有八月八日之「惡日」大敗，而德軍之局全隳。蓋「滲透」之速度不能適合理想，不能早日完成征服，則銳氣一盡，勝敗之數便不易言也。

蔣百里於戰後遊歐，批評德軍六點失敗，亦以「滲透」為失策。惟彼時德軍與今日德軍頗有別者，則一已成惰歸之勢，一則尚在銳進中也。

大鬼小鬼相揶揄

偽府群奸，多自審為倭刀之寄生物，其對倭人之趨承敬奉，流於醜鄙，固勢所必然。

惟周逆佛海自命為日本通，又以頭號漢奸資格獲與敵閥直接折衝，對一部分敵人稍有驕慢之色，敵國之新聞記者頗厭恨之。東京《日日新聞》記者吉岡文六曾與周逆談所謂新政府之財政問題，吉岡直詢之曰：「有許多財政，比如國家銀行，是靠做假做起來的，你將來的財政，也只有做假吧？」周逆頷之曰：「當然！」

吉岡又告之曰：「你的財政部，找石溏做顧問，其實不合，應找伊東……來做。」周逆矍然，出其日記本，鄭重問曰：「伊東何人？請見告。」吉岡急謝之曰：「瞎說！瞎說！」

吉岡所言之伊東，蓋東京之一經濟騙棍，專以買空賣空為事，現已被拘入獄。吉岡舉其人，意在揶揄，譬周逆財政部之屬性同為買空賣空也，周逆竟不悟。

坦克

希特勒之「大陸勝利」，因法國之屈服而確定，今後之發展與演變雖不可盡知，顧大陸上之現勢，似可相當肯定矣。欲追究希氏此次戰勝之重因，則希氏實冒戰略上極大之險，蓋高度使用機械化戰器至於如此之多，不但超越歷史一切成例，且為軍略原理所不許可。如弗蘭特斯包圍戰中，希氏在一方面集中使用坦克車至三千輛，如此龐大之序列，幸而勝，試問如敗衄則將如何？

德國在上次大戰中敗於坦克，故慈惠爾將軍有「吾人非敗於福煦，乃敗於水桶」之語，水桶即坦克一字之本義，然英軍在亞眠一戰中，所大量使用之坦克，在當時震鑠一時，顧其總數亦不過四百五十輛而已，視希特勒此次之陣容為小巫矣。

自英人發明坦克，而戰術理論一變，所謂「坦克征服，步兵佔領」，成為世界陸軍國公奉之教條，說者謂使用坦克戰力至於最高點，如希特勒今日者，殆已成極限，今後將漸入衰老之境。在此次歐戰結束以後之新戰事，自必為化學戰之世界，惟就普通之情況言，新戰場之主宰人物將仍屬炮兵也。

陸徵祥

因客談某家庖人跋扈事而思及陸徵祥。徵祥初為廣方言館文學生，許竹篔禹攜之赴歐，洊升駐荷比法諸國公使，為當時歐洲外交官之最年輕者，歐人每謂中國外交官（指清政府時代）非黃童，即白叟，非極機敏即極昏髦，殆成兩極端也。徵祥前期生活，頗似有為，鼎革之際，首先以外交官身分電請清帝退任，尤為國人所稱許。顧其後乃漸見泄遝，巴黎和會時之胠篋疑案，至今不明。或曰：徵祥青年出國，不習於國內官場之朽爛生活，故一入袁世凱之牢籠，便呈困象。

惟其於袁政府外交總長任次，斥逐余廚子一事，頗快人意。先是，北京政府之外交部班底，大率係繼承前清之總理事務衙門而來，其中之庖人余姓，為奕劻之私僕，頗恣肆。外交部舊例，自備行廚宴客，余廚以是中飽甚巨，寖且交結宮監，形成一特殊勢力，當時人稱北京十名人，余廚其一也。歷任長官皆受其賄奉，徵祥視事，余廚仍備手本叩見，徵祥愕然，詢得其詳，立為手諭逐之。余廚倉皇輦權貴緩頰之函至，徵祥置不理，彼時徵祥新為宦，猶能保存若干之青年氣也。

復仇乎

數年前，希特勒在威瑪城演說，謂威爾遜之十四條不能成為當時和議談判之基礎而德人所受之待遇遂酷虐至極云云，此言也，吾人深同情之。

平心言之，凡爾賽和約實為一不道德之產物，克勒滿梭之頑固自大的復仇主義，為未來世界種下無數禍根，今法人果又食其「苦果」矣。然克氏亦自有其說焉，一八七一年普魯士戰勝法國後，迫訂降約於凡爾賽宮，當時法國代表只許自旁門出入，座次亦由德人指定，克氏時為和議代表團一少年屬員，親歷此苦境，故標榜復仇主義最力。德國代表與協約國代表簽訂凡爾賽和約時，克氏故意指定德代表出入於法人當日出入之門，坐於法人當日所坐之位，並承認為報復主義。此種不必要之精神虐待，實逾越戰勝國之榮譽立場，雖法人亦謂克氏之態度失當也（有一法人即以此理由，槍擊克氏，不中）。

今德國又勝法國矣，希特勒果將以如何之條件加諸法乎？德法互仇之歷史如環，希氏其注意及之，為歷史造一新姿態可也。

熱

前數年在某戰區工作，嘗寓一旅邸，鄰室一軍官時來縱談，其人風格俊爽，語言溫雅，不似行伍中人，而自云帶兵已十年矣。

時正熱季，彼此均在汗海中生活，一日，忽大笑來言：君患熱乎？當知「熱」亦如作戰之有數時期。第一時期為「前哨接觸熱」，雖熱而不甚激烈。第二時期曰「威力搜索熱」，漸入苦境矣。第三時期曰「主力決戰熱」，熱之體形遂大完備，但尚非熱之最高點；若吾人此時之熱，俗所謂秋老虎者，實可名之為「掩護退卻熱」，蓋火力發揮，已至於最猛烈之程度矣！因相與拊掌。

隨筆名家馬君武

故馬君武博士，以工學苦學生而愛好文學，有豐富之表現，所譯拜倫《哀希臘》詩歌及《拿破崙去國》詞等等，為譯界不朽之作，雖有人病其意譯過甚，惟表達原作氣韻之充足完美，非胡適等所可及也（胡適譯《哀希臘》，較馬譯為忠實，而表達原作氣概微嫌不足）。

馬氏之為「學人」，已無疑義，惟其生活仍為小品的、散文的，殊無博士冠帶氣。其生平之力作，非關於生物學之若干譯作，亦非關於哲學之若干著述，而係歷年不斷發表之隨筆文字。梁任公嘗言，《新民叢報》時代有兩大隨筆家，一為馬君武，一為蔣觀雲。馬之《歐學片影》、《茶餘隨筆》，蔣之《華年閣雜談》皆精彩之作，比較言之，蔣氏時已追隨任公後，摹傚梁體，不免冗遝，不及馬作之具有充足的個性。

數十年來，馬氏隨筆文字散見各地，馬氏既不自存稿，恐注意而集存之者亦無其人，嚴格言之，實文藝界之一大損失也。

空戰

此次歐戰三年，英德空戰極烈，雙方皆為航空生產最發達而航空技術最完備之國家，自無怪其然。惟有一點與上次大戰顯然不同者，則單位作戰擊落敵機之紀錄，遠不如上次大戰。德國空戰總指揮部不常公佈個人紀錄，去年曾一度間接發表，謂有某中校連續擊落敵機二十四架，此數不僅去德國厲秋芬紀錄（八十架）、法國基納美紀錄（五十三架）甚遠，且不逮戈林紀錄（二十七架？），此可說明一當前事實，空戰之發展已成為一積極之集團戰，集團戰只有集團之勝利，無所謂個人紀錄，英雄主義的單位作戰時期業已過去，厲秋芬、基納美式之故事已成為歷史上之回憶矣。

同時，空戰之新理論的建立，證明轟炸重於一切，施行主動的轟炸較消極的防禦為有效，各空軍國家咸致力於此，故轟炸與駕駛的技術水準，顯已超過單純之作戰。

此外尚有一原因，飛機之性能日益進步，裝備更益完整，此正如尼采所說：「自有盾甲一字，而勇敢之一字即死亡。」空戰已成為十足的機械化的戰爭，機器之威權大於人力，表現個人勇敢的英雄主義，更缺少發揮之機會矣！

泰戈爾

泰戈爾先生死於一九四一年八月七日。

印度人多短壽，惟兩大人物則享高齡，一為泰戈爾，一為甘地。

泰氏來華講學時，吳稚暉反對之最力，吳氏時方高唱無條件的接受西方文化，自不以此老之滿口東方文化為然。吳氏年齡與泰彷彿，而一則銀鬚數尺，一則跳踉如童，吳頗以此自矜。

泰氏對中國人士，以徐姓印象為最深，蓋前有徐志摩、後有徐悲鴻，皆執後輩禮甚恭也。

泰氏蓋棺論定，為一民族詩人，其辭爵一事，亦自可表現其若干之戰鬥精神，不能一筆抹煞。

泰氏有名句云：「月以清光照遍太宇，它自身卻留著黑點。」語絕沉痛，謹以為先生之誄詞，無不可也。

敦煌

西北國際運輸路線，以甘肅之某地為一重要之「轉彎點」，自此西行百餘里，即為歷史上有名之敦煌。

國人知敦煌之名，恐不過一二十年間事，因英人斯坦因、法人伯希和先後劫取敦煌古寫本一事，引起考古學界激昂之抗議，始稍稍知其名。其實敦煌為我古代之巨邑，唐史舉當時五大都市之名，敦煌赫然與長安、揚州、成都、廣州並列。唐人說部中有一神話，謂葉法師於元宵節之夜，奉唐玄宗命，以分身法遍遊各都市，歸稱天下燈戲，以敦煌為第一。唐代之敦煌，其繁華盛旺如此，今乃淪為沙漠中之一貧乏小縣，若干年來，吾人忘卻先業，漠視西北，自蹙疆宇，以至於此，今日重檢往史，能不愧乎？

京朝大老以能貨古為榮，家藏敦煌一二殘簡，便自矜賞（其實皆斯坦因之唾餘耳），如某公欲自榜其別屋曰敦煌草廬是也。在今日吾人之印象中，敦煌之所以為敦煌，如是而已。

老將哀音

乃木希典以日俄一戰獲勝而成為彼邦之人傑，有「軍人活教本」之稱。其人雖剛愎愚頑，而尚有若干忠直之氣。此種氣質，求之於現代日本軍人中，已不可復得。

乃木為櫻井忠溫之《旅順實戰記》一書題詞，有句曰：「愧我何顏見父老，鐃歌今日幾人還。」一蓋對生命損失之重，終不無悔心，此種矛盾心理，惟老將有之。在我之抗倭戰事中，松井石根雖陷我神京，而所繳付之生命代價相當慘重，事後為詩，亦有「何貌生還者瘦骨」之句，襲用乃木舊語，而悔吝之意見乎詞矣。

《旅順實戰記》，我國亦有譯本，係黃膺白留學日本士官時所為，一名《肉彈》，譯筆冗遝，蓋食生果而未化者。老外交家胡惟德為之作序，呼之曰黃生，時黃氏猶為二十許精幹少年也。

造詞病

造詞為談文藝技巧者所不廢，顧有一定之限度，過分生造則不免奧兀可憎矣。魯迅先生嘗摹徐志摩之體為一文而揶揄之，其實志摩之造詞尚非下乘。古人因造詞而為後世所姍笑者，有唐人徐彥伯，所謂「澀體」大家是也。彼對固有之詞悉屏棄不用，而代以新詞，如稱鳳閣為凰間、竹馬為筱驂、金谷為銑溪、龍門為虯戶，今日視之，直不知所云。

三百年前之法國作劇家莫里哀，亦嘗以刻毒之筆，嘲笑此種習氣。作一劇，描寫兩好掉書袋之女郎，滿口新詞，如稱「嬌美顧問」，指鏡也；稱「談話之便」，指椅也，讀未竟，為之掩卷。

莫斯科之火

談一八一二年拿破崙征俄失敗事者，多喜強調莫斯科之大火，以為是焦土抗戰之最好史例，固也。俄人於是役，執行清野除舍之戰略相當澈底，使拿氏不得不因補給中斷之實際困難而引兵西遁，然莫斯科之大火則為偶然事件。據海斯氏《近世歐洲政治社會史》所記，莫斯科之火，起於法軍入城之前夜，初由居民不慎，延燒及於商品陳列所之酒精化學品部分，遂一發而不可遏，全城皆成廢墟。

莫斯科位於中俄羅斯之森林帶內，數百年來之習慣，俄人好造木屋，以取材既便，用費又省也。

同時即以其為「木屋市」故，易致燃燒，自一二三七年至一八一二年，俄國屢遭外患，莫斯科常被付之一炬，歷史上「莫斯科毀滅」之悲劇，演不一演，特以拿破崙之一役為最酷烈耳。

自逐走拿破崙，俄人重建莫斯科，頗懲前失，禁以全木為屋。今之遊俄京者，見峨峨高廈，為完全歐洲形式之牆屋建築，不知其中正包含一種慘痛之教訓也。

麥剛森

世以興登堡沉毅威重，樸拙無華，足以為德國軍人之代表人物，固也。若以德國人自身之觀察批判言，在第一次大戰之諸將帥中，最足以代表德國軍人之典型者，非興登堡而為麥剛森。

興氏之性格與氣質，信乎為百分之百的德國人，顧其用兵之法則，戒慎過甚，求以不敗為勝，堅守正宗兵法，不得謂為典型之德國作風，若麥剛森則英斷橫決，以善於造成場面行使雷霆之一擊見畏。上次大戰中，德國建立兩大輝煌戰果，一為一九一五年之撲滅塞爾維亞，一為一九一六年之掃蕩羅馬尼亞，皆麥剛森得意之筆也。凡麥氏主持之諸戰役，幾無一非「無條件的大勝」，其作風蓋與興登堡氏迥乎不同。

德國人敬之愛之，奉為戰神，當時幾有以生祠祀之之概。迨一九一八年德國戰敗求和，麥剛森謀出國暫避，道經匈牙利，為匈國官吏所扣留，楚辱萬端，匈雖不德，而麥氏以一代名將忍此「胯下」，世論遂稍稍有以是藐之者矣。

四川話

績溪胡適博士，足跡未嘗一至四川，然其平日所操語言，固相當漂亮之四川話也。且不僅近期為然，遠在二十年前，彼已摹仿川語甚工。蓋胡博士在中國公學讀書時，川籍同學頗多，耳濡既久，不免同化，其《四十自述》中曾詳言之。

因思戰前十年間，國府在京，有若干權要足跡未嘗入川，顧其語言，乃雅近「蜀音」。蓋四川話明白爽脆，且有強度表現情緒之優點，得其核要，便可運用裕如，上有好者，下共咻之，遂成一時之風氣矣。

戰後政府入川，數十萬外省分子，其生活一切多漸川化，豈僅語言之一端？四川話在今後，將代替「北平話」而興，成為新中國的新政治語言，則因不成問題之事也！

三等文虎章

章行嚴先生蚤歲留日，彼之留日與一般人不同，即在日本習英語（畢業於東京正則英語學校）。日本人學外國語，素被目為全世界之笨伯，故行嚴習英語亦不能有成，惟彼對於英文文法造詣頗深，殆「先天」地具有邏輯之慧根故爾。

行嚴之文愛讀者頗多，彼與嚴幾道同走一路，平心言之，幾道尚能保存相當彈性，行嚴則不免拘執矣。予嘗戲呼之為「幾何」文體，然明確坦率，亦疑亦黠，則其特徵也。（民十三年，北京教長任次，其魏染胡同為眾所搗，家中婦孺悉逸出，行嚴事後具呈辭職，縷述經過，有「家有二子，不知所出」之怪語，至今傳為笑譚。）

時人多稱行嚴為「三等文虎章」，文虎章，指其與老虎雜誌（《甲寅》）之關係，曰「三等」，則北平市井惡語，褻矣！

偽府前身考

汪逆偽府所在地，係占用舊考試院址，予曾記之。此地在考試院入居以前，實為武廟，中祀關岳。戴季陶院長何以擇地於是，其中蓋包含一段故實。當五院成立時，戴氏必欲得一與中國考試制度有關之地為院址，然貢院已為市政府據有，不得已而思其次，將指用「府學」，則太狹，「朝天宮」似較博大偉麗，然而又不適於官舍之用。有人建議於戴，謂雞鳴山下之武廟實為明國子監故址，清代始改為武廟，顧其產權究屬於文夫子非武夫子也，盍勿趁勢收回，建為最高試府。戴氏欣然稱可，自驅車往視之，認為形式內容皆相當的符合理想，議遂定。

其地與雞鳴寺、北極閣成一連線，雞鳴寺本僧寮，北極閣時亦有一二老道蟄居其間，謔者遂呼此一地帶為「三教合作實驗區」，今一切皆成陳跡矣。

北潘二事

故中委潘知遠先生（雲超）為河北通縣人，出語爽脆，固猶是北人風格。當汪逆悄然去渝，潘雖惋歎，猶不信其敢更進一步，及至汪離河內，逕投敵抱，潘乃大恨，手書十六字示人，即有名之「公勿渡河，公竟渡河，渡河而死，其奈公何」也！蓋以之誅汪逆者，可謂不惡而嚴。

先生曩居京時，有人告以蒙藏委員會有一委員亦名潘雲超（湖北人，時亦稱為南潘，別於北潘），先生曰：「姓潘的，兩個何礙？君曾觀北京舊日梅、程等合演之四《五花洞》乎？那裡竟有四個！」聞者大噱。

居庸關

龔定庵寫居庸關之美，如曰：「自入南口，流水齧吾馬蹄，涉之瑽然鳴，弄之則忽湧忽袱。」又曰：「木多文杏、蘋婆、棠梨皆怒華。」又曰：「其道或容十騎，或容二騎，或容一騎，蒙古人自北來，鞭橐駝，與予摩肩行，橐駝銜余騎顛，余亦撾蒙古人帽墮於橐駝前，蒙古人大笑。」寫北景之樸秀可愛如此。

民國廿六年秋，此關陷於敵。先二月，予曾經其地，偶止憩一二小村，覺其「家家流水，戶戶垂楊」之情調，與江南無二致也。

國人不明地理，每疑關外生活必荒瘠蠻野，如半開化民族之所踞，而不知彼間之景色與人事，固猶是中原風格。吾國幅面甚廣，國人過去每易對邊遠諸省存「殊方」之念，失之若不甚痛者，而今而後，其知勉夫！

靜海寺

中英《南京條約》，今年（一九四一年）恰滿一百年，吾因之而頗有所思。

《南京條約》簽字地為南京下關之靜海寺，當一八四二年，清政府代表耆英等與英人畫諾於此時，寺中正盛開菊花。當時曆宇尚俊整，百年中，日見凌夷。入民國後，剩屋不多，設一員警所，囂然不復成寺。

此寺尚有一古跡，即宋代民族英雄虞允文嘗三宿於此寺後，三宿岩之名即為紀念虞氏而留。在中華外侮史中，寧非一強烈之對照耶？

汪逆在南京，方欲藉《南京條約》百年紀念之夜，策動大規模之反英宣傳，吾人當提醒汪逆，試往靜海寺一觀之，該地現已淪為敵海軍特務機關所在，日日縛人於此，榜掠呼號之聲不絕，倘稍有良知，亦當憬然於為人奴毒，無發言之資格矣。

溥侗與溥儀

溥侗附汪逆，為所謂偽府委之一。其人原為清皇室近支，而與溥儀父子不睦。溥儀為敵牽去，演偽滿傀儡劇，侗甚詬之。「九·一八」後、「八·一三」前，猶有譽侗為明大體者，不知侗之絕儀由於私怨，非公義也。

順德羅癭公之《拳變餘聞》，回溯那拉后立光緒事甚詳。謂同治病死，無嗣，以常理言，當為同治立嗣，當時近支親貴最具備此資格者，為溥倫、溥侗兄弟。惟那拉后不欲因同治有嗣，致自身成為「太皇太后」，隔離其攬權之機會，遂藉口倫、侗之父已出繼遠支，罷此議而使光緒登場。此愛新覺羅家族中之爛帳，溥侗輩所甚怨也。迨光緒死，溥儀繼立，權屬於儀父載灃，侗不能有所獲，益佯狂自喜，精習崑劇，以紅豆館主之名時時札刮登臺。入民國後，貧不自存，恃賣古董、灌唱片為活。及識褚民誼，轉入汪黨，漸靦顏談政治，實則除鑼鼓工尺外無所知也。

憶張錫鑾

於坊間得《都護集》半卷，張錫鑾所作也。張為東北軍人老輩，以強悍著，人稱「快馬張」，不意此莽漢居然能詩，詩且頗俊整，《都護集》中不乏佳句。吾最喜其〈吊左寶貴〉一首：「屹屹孤城獨守難，祖邦西望客軍單。大同江上中秋月，長照英雄白骨寒。」又喜聞〈克復寬甸〉一首云：「邊城久陷倭人手，一戰能收匪所思。四野歡呼元佐懼，新軍初試大功時。」

張曾參與甲午中日之戰，為一有歷史之抗日軍人，民族意識甚濃。民初主政遼省，以職務關係常與倭人周旋，時任關東軍總督者為福島，駐瀋陽總領事者為林權助，皆狠毒無人理，間日輒謁張，謁必有所脅，張計其不能以言詞口舌拒者，則偽裝耳聾，以誤答挫其氣，或託病遽起，必拱手曰：「老了，老了，不成了！」福島恨之，詆為老猾。

張作霖繼為東北主政人物，其應付東寇，有若干點即採取錫鑾之作風。

譯名之微

朝鮮同志李百拂先生語予：「中日兩國之立國風格迥乎不同，中華信乎為泱泱大邦，僅舉一最小之事為證，已可見其對世界友國之誠摯態度，非淺薄險隘之日本所能及也。如中國根據譯音字其鄰國，英也，德也，美也，法也，……在中國語法中皆為懿詞，皆含好意，若日本則適相反。字德國曰獨，意謂獨夫之國也。字舊俄曰魯，意謂愚魯，經舊俄政府抗議，始改為露，蓋詛其將於旭日（日本自命）之下消滅，仍為惡詞。字美國曰米，表面似無他，實則形容其可以吃下去耳（按蔣先生過去發表演說，亦曾發揮此旨）。中國在清政府與北洋政府時代，由傲外而媚外，由撫夷局而尊洋館，其外交觀念轉變甚大，實兩失之，自國民政府統一全國後，乃表現一種高崇博大、深廣平適之風格，洵為最正確之立國態度，反照日本，益穢鄙不堪矣。」

《搜孤救孤》

金華國風社以救濟義民，演劇集資，偶亦往觀，其一劇曰《搜孤救孤》。十年來，觀此劇不止一度，初無印象，此次乃為之戚然不歡。此劇取材歷史，記程嬰等存趙氏遺孤事，號稱忠義劇，顧忠義之表現如此，亦可謂酷矣。而殺一嬰兒以救一嬰兒，尤易使人對於所謂舊道德之本質生一種異感也。

一百七十年前，與盧騷齊名之法國文豪福祿特爾，曾作一劇曰《中國之孤兒》，取材於同一之故事，在巴黎、倫敦兩地主演，頗獲熱評，英人戈斯密且仿之而別為一英文劇。兩劇之內容為何？似有相當之改竄，當不同於《搜孤救孤》。歷史上此一段事實，吾人固尊重之，顧在著名懷疑家、對於當時風俗制度無一不攻擊之福祿特爾眼中，恐不復能肯定其價值矣。題名《中國之孤兒》，亦若對此反理性之一段故事，流濫一種譏嘲之意也。

王小航白話文

十餘年前居北平，為雪農纂報紙之副版，得識王小航先生，遂訂忘年交。

先生名照，即於戊戌政變前，以禮部主事資格條陳新政，勸光緒出洋遊學者也。後又以堂官陰抑其條陳，哄於光緒前，當時人目為戇漢。先生為予言其事，猶虎虎有生氣。小航先生提倡白話文，據其自言，約早於胡適之二十年，嘗以舊作《廉孝子傳》授予副刊發表，記其中有數語曰：「孝子每日對父遺像，依時進盤帨茶飯如生時，呼曰：「爸爸吃飯啊！爸爸洗臉啊！」以此文體為人作傳，當時已目為革命之新兵矣。其文多文白雜寫，發表於副刊者，讀者每苦消化之難，蓋才氣坌發而不矜小節者也。

克里米亞風景

因蘇軍收復刻赤，而克里米亞半島之軍事動轡重複握入蘇軍之手中，德軍雖自辯其敗退為求確保冬營地帶，然在南蘇戰場中，據點之重要如刻赤者尚可以放棄，則德軍昔日浪擲數十萬生命以攻略此地，果何為乎？

南俄風景之美，世稱烏克蘭，而克里米亞實過之，烏克蘭僅為平原美，此則「平原美」與「海洋美」之混成品也。日人最豔羨南蘇此一帶肥沃之區，狂妄之崛毛一麿（《倍勒科哺戰史》作者）曾發為「安得以日本一二大山換彼大平原乎」之囈語，蓋忍俊不禁矣。

有舊遊者謂：「此地海濱山岬最美，獅象熊貓，不一其形而無不逼真，亦有劍立戟侍，如我桂林陽朔諸山者。石隙生雜花，猩紅欲滴，久居莫斯科高寒之地，乍臨此間，如返華夏故園，美哉美哉，嘆觀止矣。」

關於梅蘭芳

關於梅蘭芳，吾人之感慨甚多：

梅之皮黃技術，可謂已登峰造極，即云「前無古人」，亦非誇大，老伶工、老走票之孫菊仙、陳彥衡、皆作如是批評。說者以為梅個人之技術已走至盡極，今後除就皮黃劇之整理、改造獻致個人之力量外，殆已無更大之表現可言。世論忽視皮黃劇，以為其本身便非現質的，無法表現時代，其實時代之解釋，當為「具有時代意義」的，吾人如承認《打魚殺家》一類皮黃劇不失為具有時代性者，吾人如不因襲「五四」時代之淺薄見解，但鶩形式而以「封建」一語隨便抹煞一切，則對於皮黃劇之整理改造，應持以相當尊重之態度。吾人初以此屬望於梅蘭芳，以梅在今日伶工中，為較具備此資格者也。惟經過數年來之事實，證明梅之於皮黃劇，除職業外無興趣，而況其亦垂垂老矣！

教主

張之洞以文章經濟自負，好以學說引士，其人亦頗具有相當吸力，康有為、梁啟超、章太炎等皆曾一度與之發生關係，特其基本的政治態度為媚獨夫、保權位，未嘗真有改革之志，與康等比較進步之時代觀點自不能相容，故為歡亦不長耳。

太炎在張幕，有一事最趣。

張時在鄂督任次，最寵梁鼎芬，梁對太炎之放言高座、意氣侈張甚不愉，屢譖之於張前，幸幕僚錢某（錢玄同之乃兄）為辯解，得無事。一日，梁與太炎共談，評可當世之維新人物，梁曰：「康有為霸氣縱橫，不失為一佳士，惟深沉不可測，傳其頗有做皇帝之野心，君識其人，亦謂可信否？」太炎大笑答曰：「君誤矣，皇帝人人可做，康有為如僅圖為皇帝，尚不足為異，最荒謬者，則其人竟妄想欲為教主也！」

梁遂以章之此語告張之洞，且聳之曰：「章某謂皇帝人人可做，悖嫚至此，使聞於外，明公危矣！」張亦駭異，立致程儀三百金，諷太炎令去。

興隆店之淚

民國十四年，郭松齡回師擊張作霖，以日本出兵為張氏之暗援，且沮郭軍入營口，致對張軍之包圍線不能完成，遂敗，此世所知也。

當張軍集結遼河左岸對郭軍為最後之一戰時，督師者為張學良。學良以用郭出於己意，此日之變，自覺無以對其父，故痛哭詛咒，必欲與郭一拼。然郭軍之氣甚銳，當者披靡，學良率殘部退守興隆店，其事似已不可為，幕從多望望焉去之，惟向所狎者數人留。一夕，學良出其私財一篋，分畀諸人，謂戰事失敗至此，我張學良捨以身殉外，無他途，諸君皆有妻子兒女，盍攜此自做營生，不必擲生命於此矣。言未畢，痛哭失聲，諸人亦應聲哭。此數人，後來頗為學良所寵，學良駐北平時有所謂「七人班」者壟斷學良之人事，其得勢實始於興隆店一役也。（七人之名，可舉者為鮑逆文樾、湯國楨、朱光沐及西安事變中駕汽車送蔣委員長赴西安之談海。談時為學良之副官，防學良自殺，曾封鎖學良之手槍帶與鴉片缸，終日不離此數物，後尤為學良所寵。）

伊藤活劇

甲午戰後，朝鮮被迫脫藩，成為日本之保護國。伊藤博文任統監，設統監府於京城，伊藤下車之第一政，即盡收朝鮮各部衙之印信簿籍，且佩劍謁王，其姿態頗似我國京劇中之曹操。王不能堪，密遣使訴於海牙萬國和平會議，事發，伊藤入宮質問，則又宛然「衣帶詔」之一幕，而飾華歆者，則無恥之李克用也！

辛亥詩典

「鈍槍天意亡胡虜，大幟人心望漢官」，此林野秋先生〈辛亥感舊詩〉也，原詩無注，「鈍槍」「大幟」云云，不知何意。

後參讀開國史若干種，微得其諦。蓋武昌起義之日，民軍攻總督署，瑞澂、張彪遁去，清軍解體，此為中華民國定基之一戰。張彪親兵之所以不能守督署，原因之一，為所持機關槍皆窳敗，稍用之後即不能發火，最後僅一挺尚可用，復為民軍肉搏奪取，使當日之機槍為精品，清軍更負隅一半日，大局之數未可知也。

又舉義成功，各地紛紛響應，民間爭以標語書旗幟上。一幟大書曰「不圖今日」，蓋謂「重見漢官威儀」也，字面壯麗之極，想見歡喜活躍之情。

林詩兩語，蓋指此云。

小野妹子

日本古代最有名之外交官，為廄戶攝政時代之小野妹子。去今約一千三百餘年，約當於我國之隋時。

妹子精通漢文，當時受命為聘隋使，自擬聘札，所謂「拜舞大廷」，為日本馬屁外交時代最美麗之文獻，而日本人諱言之。

飢餓與天才

「天才是餓出來的」一話，不如修正說明之曰：「辦法是餓出來的。」

自有人類史以來一切文化發明，為吾人生活享用之不可或離者，皆吾人之天才祖先從「飢餓中想出來」者也，故「辦法是餓出來的」，為萬世不易之論。

莫爾士有〈頌餓〉一文，托爾斯泰勸青年多用腦筋，而解釋之曰：「要用腦筋，最好先清一清胃。」托氏似忘卻世間尚有「胃中本來無有什麼，無須再清一清」之人，不過兩氏之言，皆可為吾之力證，不必再說。

若以眼前事論之，後方諸大都市，在米貴聲中，若干「能人」想出若干辦法，雜糧之配用也、食譜之編訂也，乃至生理的減食奇論之發揮也，倘非由於飢餓實感，何從產生如許天才？「天才是餓出來的」、「辦法是餓出來的」，尚有何人敢不信耶？

《出使須知》

清政府時代，以若干根本無外交常識者充任駐外使節，此輩究何所恃乎？則昔日京曹，流傳一種手抄秘本，名為《出使須知》，凡被任駐外使臣者，盡可卑禮厚幣，向一般老前輩請教，然後傳抄一份，即恃以為萬應寶典。其實書中所載，亦不過覲見君主及大總統遞國書之儀式，及外交上酬酢之通例而已。

惟書本附有餐典數頁，甚趣，則指導此輩欽差大人如何吃西菜之方法，賓主位置與使用刀叉，皆有極詳細之說明。

入民國後，外交界猶有誤飲洗手水與狂擦食盤而召致外國人諷刺之欽差大人，則誠哉《出使須知》的教育之要，惜其竟不能萬本流傳而中絕也！

麥金萊與羅斯福

美國歷史上有「名總統」三，一華盛頓，二林肯，三麥金萊。羅斯福總統殆將為今後美國史上之第四人。

以羅斯福比較以上三總統，其氣度之雄闊、手腕之開展，最與麥金萊相近；而其世界觀點之正確與夫政治機智之豐富，則又遠為麥金萊所弗及。

美西戰爭發生於麥金萊總統時代，美國在太平洋新地位之取得始於麥金萊總統時代，美國對世界經濟霸權之建立亦發軔麥金萊總統時代。以科學的術語言之，麥金萊總統者，美國帝國主義之開創人物也，帝國主義產生的底因，固為資本主義經濟發達之必然結果，而亦有若干促成之副因屬於當時執政人物之手腕。故麥金萊之性格與美國帝國主義之發展，亦不能云一無關係。

然而，麥金萊能發不能收，四十年前麥金萊能所造成之局勢（特別為太平洋方面），實今日羅斯福總統之絕大負擔也。且看此橫絕一世之人物，如何表現其雄闊開展之胸襟！

董二罵褚

董二，北平人，業戲班中打鼓者凡二十年。

戰前三年，董由北平至南京，求為人「說戲」。時朝貴票戲之風甚盛，葉農生醫師介以見褚民誼，褚納之，月給六十金，使說黑頭劇。褚事忙，又好為雜技而癡滯不慧，董雖食於門下，月餘不能終一齣，愧而求去。

褚頗以能票戲自詡，然音節、動作無一不悖，道白尤糟不可言，蓋一以浙音出之，極為刺耳。董屢教不中，憤甚，嘗背詆之曰：「我看褚先生還是唱唱紹興戲吧！」聞者嘩笑，以為確評。

董二今猶在滬，某銀行公餘俱樂部聘為戲劇指導，而褚逆則儼然以顯貴自居，頗持官體，不復粉墨登場矣。

「選舉」古訓

有致慨於今日忙「選舉」者每借助於金錢與酒食，以為非有道之象。

某小學家然笑曰：「君等自不讀書故也，庸知『選』、『舉』之本義，即為金錢與酒食乎？不信，翻書為證。」

選，與鍰通，貨貝名也，古所謂金錢萬選者是。

舉，盛宴也，《周禮》「王月一舉」，即指殺牲作饌。

「選」、「舉」兩字之娘家在是，然則彼日以金錢、酒食忙選舉者，可謂善讀古人書也已。

旅館政府

民國二十六七年間，章行嚴為賊裹脅，掛名偽榜，實非本意，吳稚暉曾以百命保其必不背國，行嚴終亦南遁香港，全貞而回。

當行嚴居港時，有以南北梁王兩偽組織之真相就詢之者，行嚴啞然笑曰：「旅館政府耳！蓋群賊時猶未定巢穴，多棲流倭人卵翼下之旅館中，行嚴刺以此語，極言其兒戲混帳而已。」

不意歐戰第二年，歐洲竟真有所謂旅館政府出現，則法國維琪政府是也。法政府自遷維琪，無適當之衙署可住，乃紛紛徵用旅館，府主貝當住花園飯店，外交部、國防部亦分住雷瑪爾等旅館，最可慘者，教育部勢力微薄，不能得一專址，竟借某旅館之沐浴間辦公，局促淒涼之象，益令人懷乎「膝之萬不可屈」，而聯想行嚴先生「旅館政府」一語，又不免為之粲然矣。

琪恩哈羅

所謂「趣豔」明星琪恩哈羅，死五年矣，美國人近方為之舉行逝世五年之紀念式，吾因之有所感。以琪恩哈羅比嘉寶，自為兩極：表現於銀幕之嘉寶為女性對於男性之諷刺，琪恩哈羅則為女性對於女性之諷刺。

但嘉寶有優美之劇本、天才之自尊心、觀眾之相當的文藝情感為其基礎，造成其銀幕上之不可拔的高崇地位；琪恩哈羅則一無所有，惟俯首於「女性之自辱」中殺出一條血路，而於觀眾之無聊輕薄與嘩笑中獲得其成功而已。

彼之奮鬥十年，所以有後來之地位，非真為「笑」之累積也，實「淚」之累積也！

吾人由此更可得一解釋：嘉寶者，悲劇腳色的成功者也；琪恩哈羅者，成功的悲劇腳色也。

群鼠

張默君與故邵翼如氏，以「詩人夫婦」享名於社會者幾二十年。張詩優於邵，然邵亦能摹為張體，兩人之倡和，成為舊日南京政治生活之一邊頁。

默君某次遊湯山，忽作一詩：

太古清涼貯此胸，娟娟流水濯芙蓉。
寒山高臥睨群鼠，一任風雷起蟄龍。

就詩言詩，可謂極睥睨之能事。默君雖女性，而顧視雄闊，頗與此詩之意氣相符。惟翼如箴之，以為「群鼠」之譏，將置閾下同僚於何地乎？默君遂改末二語曰：

誰窺臥雪空山意，一任風雷起蟄龍。

意雖猶是，而其詞荏弱，遠遜原作矣。

前門

出北平東車站，一見巍然之前門，便覺氣象萬千，鶴見祐輔於其《思想山水人物》隨筆集中，稱道北平之城牆，以為可象徵北方民族性之偉大。其實北平城垣之高度（約三十尺）猶不如南京，周遭不過四十里，短於南京幾半（南京城周圍約六十餘里），惟其城樓與前樓之壯美，確非一般城池所能及。

吾人吸前門牌紙煙，習見紙郛上所繪之前門，實為正陽門之外箭樓，莊嚴博大，亭出於市街之中心，首次至北平觀光者，下車一見此樓，每為神奪，然而今日則何如者？此含有民族保衛精神之「軍事性」的箭樓，為高麗乞丐所占居，成為一切劫掠扒騙與夫販賣鴉片、白麵之大本營矣，傷哉！

米

某「缺糧縣份」（此為某省新興的一個政治名詞）舉行中學入學會試，常識速答中有數問題：

「中國歷史上最偉大之人物為何人？」

某生答：「米元章。」
「世界最大之都市為何地？」
某生答：「米蘭。」
「世界最大之山脈為何山？」
某生答：「米倉山。」
主試者斥為胡鬧，並傳見該生加以質詢，據該生發表意見：「這年頭，有米的就偉大，我並沒有答錯。」

多淚多辯之人

《民報》與《新民叢報》東京筆戰時期，梁任公被「圍剿」甚烈，而攻擊之最力者則汪精衛。汪逆彼時文筆似頗輕鬆，梁氏自稱為「多淚多辯之人」，汪逆文中援引此語而詆之曰：「梁啟超之淚，奴才之淚；梁啟超之辯，民賊之辯也！」

不意若干年後，汪逆自登政治舞臺（當然為降敵以前之事），忽對於梁氏此語甚有會心，平居言論亦時時以「多淚多辯之人」自喻。

謂汪逆多淚，此確為其生理上之特點，蓋「先天的」多淚，不完全出於作偽，但亦不足為情感豐富之證，大抵氣質陰詭之人，近於醫學上所謂歇士迭里患者，多如此。

謂汪逆多辯，多辯固也，第亦如戲臺上朗讀臺詞之好手，以聲調鏗鏘動人勝，甚少理論上之價值。自叛國附敵以後，意氣日沮，並此鏗鏘動人之聲調優點亦消失，更不足論矣。

國際三婦人

富於「傳奇」意味之國際三婦人，其羅曼斯已侵入政治領域，而成為世界政治之一邊頁，實好萊塢編劇之最好題材，惜哉尚無人留意及之。

當代傳記作家，亦尚未有為此三婦人精心製作一傳者，實若干年後歷史界之一大損失也。

三婦人為何？

一為已嫁英溫莎公爵之前辛博生夫人。

二為羅馬尼亞廢王之外室魯佩斯珂夫人。

三為法國達拉第之情婦C侯爵夫人。

此三人之性格、行為、成就與社會反響各有不同，然有一共同之特徵，即對於戀愛皆有相當的擔當勇氣，社會加以誤解，以為三人係對權勢與功利獻愛，吾則深信其猶有超越一般權勢功利之較高的真誠的因素支持其間，不能盡以庸俗之眼視之。

比較三人之「傳奇」意味最濃者，為魯佩斯珂夫人。

六部

清政府之六部，蓋仿《周禮》六官之制，其名色曰吏、戶、禮、兵、刑、工，北京人舊以六字嘲之，曰「富貴貧賤威武」。

吏貴而戶富，刑威而兵武，此不待箋釋即可知也，工部掌天下百工，當時無「建設」觀念，目之為賤，亦尚可說，惟禮部曰貧者，何也？

禮部者，學部之前身，亦即今之教育部也，李蓴客日記寫禮部司官私生活之苦，今日讀之，猶有現實感。

客至教育部訪友，見會客室內之破椅子而喟然長歎，其實可以不歎。

日本之「戰德狂」

潘光旦教授曾發一新論，謂德國、日本兩民族同為黃白二種之間種，以日爾曼人之複眼折與圓顱、日本人之掌紋為旁證，德日兩民族之民族性有諸多相似，如服從心理、悲觀哲學、自殺傾向，乃至於嗜戰性皆是。

在現期戰爭中，德日方同為盟軍之敵，似無相戰理，而此兩國實假想以對方為最後之敵人。德國方面吾不知，若日本，則言論界固常公開出之，如妄人加田哲二早即昌言，日本之「征服」中國、

「統治」東亞，皆不過為將來對德作戰之準備而已。日本戰略家金谷範三，十餘年前即已密擬有對德作戰方案，坊間流行之金谷作戰計畫，係以英美為假想敵，或與前書各為一種，或為一大計畫書中割出之一部分。要之，日本之戰德狂縱未表面化，而實已成為一問題。即以潘光旦教授之新奇的「德日同緣說」言之，兩嗜戰之民族亦斷不能並容也。

強記

故院長蔡孑民先生在清末季為著名之反俄者，日俄開戰以前，日本有所謂七博士上書，促政府對俄宣戰，此七博士之名，蔡先生強記之，若干年後猶能一一舉出，人謂蔡先生晚年健忘，殆不爾。

蔡先生之政治旨趣，雖與梁任公先生異，而對梁頗重視。民國十九年，任公病死北平，蔡時出席中央政治會議，曾提一褒梁案，胡展堂先生反對之，謂此舉有失本黨立場，蔡與辯數語，而展堂持之益堅，卒負氣而歸。此雖一小事，而可顯明對照兩先生之性格。

戰後，蔡先生居香港，用「周子餘」偽名報市籍，終日樓居不出，畏干擾也。或以「周子餘」之姓名，殆影射其夫人周養浩女士，不知非也，蔡先生之母姓亦為周。

看看浙江人

浙西為餘姚一殉職鄉長開追悼會，以白布為匾懸於門，大書曰：「看看浙江人！」可謂壯矣！

不暸解浙江者，以為是邦文物固極茂美，而荏弱不任戰，可為智民而非戰士。其實妄也！歷史上之浙江人，豈尚不足為證乎？項羽殺會稽守，引八千子弟渡江而西，馳騁中原，顛覆秦社，且苦戰至於全沒，不聞一人懦退者，非江東健兒乎？戚繼光編鄉民為「義烏兵」，屢擊東寇，驅之入海，是何光景？謂浙人不足為戰士，妄也；浙之人習於綺靡生活，忘其先史，亦遂自疑其未足為戰士，是尤妄也！

拿破崙與亞歷山大之友好關係

一八〇七年，俄皇亞歷山大在拿破崙軍威之下，與拿氏成立一種不正常的友好關係，歐洲史上所謂「提爾西特之會」是也。

拿氏彼時以驚人之坦率接待俄皇，不惟一再表示對俄無領土野心，且願予俄皇以對付芬蘭、土耳其之充分自由，拿氏所要求於俄者，僅合作打倒英國之大陸勢力而已，俄皇亦欣然以此諾之。史謂俄皇當時情不自禁，竟向拿氏發問：「歐洲究在何處？」

拿破崙答曰：「你與我聯合起來不就是歐洲嗎？」（一譯「歐洲不就是在你我之間嗎？」）

不幸此光輝燦爛、熱烈纏綿之美夢，未及五年即瓦解冰消，緊接而有一八一二年拿破崙征俄之舉，亞歷山大對拿氏此一軍事冒險切齒痛恨，輒申申詈曰：「拿破崙獨夫，汝不講信義，終必自食其果！」

客觀之歷史批評家曰：「無論如何，亞歷山大多少總是上了拿破崙的當！」

東交民巷

在英美相繼表示放棄其在華特權後，吾能想像及於勝利還京之日，外國使節將在何種形式之下與我官廨、民室雜居，北平東交民巷式之特定區域，或者其可免乎？

在政治上，東交民巷為吾人一恥辱之烙印，在藝術感情上，東交民巷卻有其相當可愛之處。古舊西屋間，充滿一種恬適與靜穆之氣氛，足以配合此古城而自成一風格。惜乎居其中者，非傖荒之商賈，即橫暴之外交官，雜以面目怪醜之所謂「駐軍」，過去數十年所製造之可悲的歷史，不能不影響吾人之心理而變易吾人之環境觀感，此則無可奈何之事也。

約在十年前，吾居平，時至此「禁地」徘徊，一次乃見整潔之中國武裝士兵一隊，穿過合歡樹編成之「花道」，徐徐向東交民巷而去，為之愕然。按照「東交民巷法律」，中國武裝士兵絕對禁止通過，何以竟有此事？後知是日為比使華洛士喪日，此一隊士兵蓋奉令前往參加執紼者，此東交民巷從來未有之例，不幸乃僅以儀仗隊之任務往。此一故實，吾常思之，為之惘惘然也。

客店

某次，返皖南途中阻雨，與夫於山野中得一宿店，亦「雞鳴早看天」類也，而尤湫溢。

予方自戰後新興都會之屯溪來，遂於此度一「截然兩態」之生活。客店僅有一室，所謂榻，係木板兩片架於醃菜壇上，被褥為同色之老藍布，捫之中軟如鴨絨，掇出驗之，雞毛耳。店主獻桐油燈一盞，為表示以特客視予，加燈草兩根，燈光圓徑不及一尺。呼飯，店主蹙額若重有憂者，張惶兩小時，熟「赤豆粥」以進，佐以鹽齏與醃肉一方，肉色高古，似三代以上物也。

明晨，店主以瓦盆盛水，備予盥。盆似吾家屑藕之物，扁平頗適用。輿夫速早餐至，則泡鍋巴粉一碗，食之甚香。問食宿全價，店主囁嚅久之，始鼓勇言曰：「九角！」其意似頗以敲一大竹槓自慚也。

善哉！善哉！此非吾人戰時之標準生活歟？東來五月，日日奔走駭汗於高價之城市生活，此時乃能稍定其喘息，惜哉僅流連一夕而即去也。

朱古微之憎汪

汪逆精衛為秀才出身，其座師則當代詞學大師朱古微先生也。古微以遺老姿態居海上二十年，甚不喜此「革命」門生，而汪逆在顯達之後，偽裝風雅，必欲登堂修此師生禮，古微拒之不得，退而評曰：「汪某面目輕便，學無深殖，以吾廣東門生言，多至數千人，安能一一納之門下耶？」

古微未逝世以前，傳汪有月獻二百金為先生頤養之費說，古微卒不之受。汪頗自矜其詞，錄以求正於古微，古微但濃圈密點還之，終無評騭。

汪逆叛國組織偽府，欲網羅先生門下士，顧無從之者，惟龍榆生教授覥顏就所謂立法委員矣。

鄭孝胥與南京

取鄭孝胥之《海藏樓詩集》，檢視其七十年之生活過程，由寒士而巧幕，而詩人，而墨吏，而遺老，而國賊，一變再變，非無由也，蓋出身寒微，貪得之念遂益強，青年期生活中已視骫法為常事矣，更何論其老來之人格哉！

詩集中，鄭自述其與南京之關係甚詳，最早住於馬道街合肥試館（似即後來之馬道街小學校址），鄭係結婚於此。次為教授營，係內政部後一小巷，鄰接南京著名之舊文化街「狀元境」，此屋低濕暗陋，後輾轉為友人某君所得，猶於夾壁中得鄭手書飾窗之紙若干。三遷四條巷，仍為寄居性質，最後居於棉鞋營，始為自屋，即所謂「濠堂」者是也，十年前曾出租與人，改為茶園。

觀鄭所居諸屋，皆低簷複室，陰暗且冷，無「高華」之象，頗可反映其精神生活。故世之識鄭者，皆議其峭薄深險，不成端品，蓋根性如此，無可如何也。

衣服

出蜀東行，過桐梓，獨至山后散步，以著一破軍服，遂有人尾予後連呼「趙縣長」，告以非是，始悵然去。至韶關，苦熱，自敝篋中出灰布短服易之，明日，又有人圍予於門首，商請搭車，則又誤予為押運員矣。

居金華時，一日偶入一村，見有村小學，屋宇頗軒麗，入而觀光，則全校震驚，師生豕奔犬突，如大禍之降臨。予初不解，迨校長足恭而前，囁嚅請至廳事休息，始恍然於仍衣服之為祟，蓋予著一舊中山服，又被誤為縣督學矣。

冬間返里，得小休。以甚寒，易舊棉袍，偶立橋首觀鄉人晚耕，忽有過路「同志」強以予為鄉長，雖狂辯不承而其疑不解，作色而去。

縣長也，押運員也，督學也，鄉長也，我固依然是我，而在他人眼中多變至此，造劇家班珂之言曰：「衣服是人類一切誤會的根源。」豈不信哉！

反對《世說新語》

昔左宗棠戒其子弟勿讀《世說新語》，以為「人家子弟之讀此書者，未得其雋永，先學其簡傲」。

某先生亦惡此書，以為「《世說新語》者，爛名士教科書也」！

前賢之說法如此。

皖中某校，有教師節取《世說新語》為課材，為校長所不滿，卒哄而去。

此校長所持之見解為何？惜不能知，然則《世說新語》者其真不祥之物也歟？

粉

偶見報載一文，記某地婦運集會，對於一部分女雄辯家面上之粉頗有描寫，其為諷刺之筆自不待言。

其實仍為此作者之所見不廣耳。女權論者在政治上，積極爭取兩性之權利平等，然而在生理上，過了一萬年，女性還是女性，粉與女雄辯家之面不能絕緣，此實為生理上一種機微之妙，作者欲以此刺人，其論實不公恕。

試觀進步蘇聯之進步女性，如柯侖泰等，何嘗與脂粉絕緣？日人秋田雨雀記柯侖泰，且三復驚歎於其美容術之精妙，事實上，柯即以善用化妝品得維持其容貌，故公共集會上之柯，其年齡常為一謎，請問此又何礙於其合理之政治主張乎？

平準學家

日人以一切關係於財富者為「經濟」，我國今沿用之，經濟學也，經濟政策也，乃至於特置機關曰經濟部也，悉以此語為根。

在我國舊訓中，「經濟」之含義則不僅此，史稱王安石「以道德經濟為己任」，此所謂「經濟」比較抽象，殆可詮釋之曰「為政力」或「政治之表現力」，日人竊用此話專指財富關係，其質稍變，應用亦稍狹矣。

昔梁任公先生甚以日人此語為不妥，欲改譯之為「平準」，其《現今世界大勢論》多採東籍，凡言「經濟」處皆改為「平準」，如稱波流為平準學家是也。

「平準」亦為古語，漢有平準之官，《史記》有《平準書》，用以指財富關係之學似較貼切，惟四十年來積非成是，欲更釋正之，殊不易矣，況「平準」在新經濟學詞典中，又自另有其新解釋乎？

坐轎子

在四川時坐慣轎子，後至東南，汽車不可必得，而長路交通，轎子尚焉。日日坐轎子，日日在轎上深思：此制果始於古之何時乎？

里居無事，試檢往籍，則歷史上最早用轎子者為桀，所謂「人輦」是也。當時以為「不道」。湯之革命，以桀之無道為詞，坐轎子殆包括於其若干罪狀中矣。後史之以坐轎子得禍者又有張弘靖。張鎮幽州，出入用「人輿」，將士以創見而駭怒，馴至於亂。

歷史名人之公開反對坐轎子者，征之於史，有王荊公。荊公在金陵騎驢，或以肩輿進，輒怒曰：「奈何以人代畜！」（見《湧幢小品》。）

「奈何以人代畜！」荊公此語何其錚錚然乎？然而八百年來，轎子之風益盛矣！

國父法帖

國父中山先生手書之《中華革命黨誓約》與《孫文自傳》，書法秀穆可愛，先生為曠代人師，為世界史上之第一等人物，豈必措意於此種雕蟲小技？而餘事所及，自然樸美，則學術修養之深有以致之也。

黨國名賢中，以精讀先生此兩作，日夕展對，書法亦遂默然同化，如總裁蔣先生作字之筆法極與國父相近，軍書旁午中，雖作一手令亦凝然不苟。

至戴季陶院長，則學國父書有年，筆姿尤似，凡曾見院長舊書《仁王護國法會發願文》及《一個美術的設計方案》者，當益信晉帖唐臨之妙。

章太炎反對鉛筆

太炎之文，以三十五歲前者為最驃悍，有一時期，彼專與吳稚暉等所主持之《新世紀》報筆戰。《新世紀》嘗主張廢漢語用世界語代替，在當時確為勇敢之論，惟太炎以為非，作〈駁中國用萬國新語說〉一文痛罵之。太炎精習小學，於字音離合變化之理自有其見地，吳等所持之蠹雖正，而筆戰中心降而為「小學」的是非之爭，不免落下乘矣。

太炎此文，並曾痛罵歐人所用之鉛筆、鋼筆，舉《緯書》及〈揚雄答劉歆書〉，證明中國古代已知用鉛筆，其後始變化而為毛筆，彼言曰：「輾轉蛻變，毫之製造愈良而鉛鐵遂廢不用，歐洲則訖今未改，以筆言之，亦見漢土所用為已進化，而歐洲所用為未進化也。」又曰：「今觀漢土羊兔諸毫，轉移輕便，其紙薄者用竹，厚者用楮，皆輕利勝於歐洲，諸子在巴黎（按《新世紀》係在巴黎出版），則言鉛筆之善，向若漂流區域與赤黑人相處，其不謂蘆薈葉勝於竹紙者幾希！」其語甚辯而雋，故附錄之。

胡椒

訪鄉友蘇先生於西溪，先生掌教某中學，月入之嗇，乃不敵其鄰之賣雞毛撣帚者。

予至時，先生外出，其夫人、公子方午餐，白飯兩盂外，油炒胡椒一盤而已。夫人見予悉然，曰：「我們吃這苦飯，不要見笑。」予慰之，其公子方十齡，絕慧，忽讒言曰：「爸爸說的，五百年前，外國人只有貴族才吃得到胡椒。」予大笑，孩又曰：「爸爸還說，那個時候，歐洲人為了想吃我們東方的胡椒，拼命亂找，所以才有哥侖布的冒險的。」

予不能復笑矣，惟點首歎曰：「書呆子哉蘇先生也！」

蘇夫人卻穆然無語，少頃，徐徐言曰：「只要孩子吃得慣，也罷了。」

髯翁宜曲不宜詩

有稱于髯翁之詩為「俊邁」者，「邁」似然，「俊」字則不免別有會心矣。髯翁詩不甚講修練，此翁詩之特點，亦翁詩之短處，「老矣革命黨」（〈賀張靜江得子〉）及「天南困頓老元戎，民黨何時日再中」（〈贈葉楚傖〉），此句無論如何不登詩品。「老元戎」云云，謔者謂頗似京劇《瓦崗寨》中之道白。

然髯翁亦自有其「名作」，如〈掃墓雜詩〉，傳誦二十年，好評不衰。十餘年前遊俄諸詩，亦有雋句，「女兒騎惡馬，大野牧牛羊」，寫亞洲蘇聯之荒原風景，深刻而有力，予最喜誦之。

大抵髯翁之「文藝素稟」，宜曲而不宜詩，蓋氣勢開張，每失檢格，造語又但求樸質近人，凡此，皆曲之作法，非詩之作法也。翁晚年頗肆力於散曲，與尹默冀野諸君唱和甚勤，可謂知用其所長者矣。

賭徒

王逆克敏以豪賭揮霍聞於時，實秉其父王子展之遺傳，子展蓋以博起家者也。

子展最初為粵中一小吏，以縱博敗事，又囊無一錢，至欲自殺，博場主人憐之，饋以四金。子展即以此四金鏖師反攻，一夜間獲彩千金，乃納捐，復為小吏，漸得張香濤之信任（張時撫粵），拔為撫署副文案。香濤去，子展又以墨敗，後走依盛宣懷，任所謂招商局總辦，死上海。子展自謂一生得力於博，以「爭僥倖，求成功」為其人生哲學，日夕以此誨諸子，故王逆克敏幼時，即以險獪稱。子展死，克敏兄弟取遺產一部，購上海香檳票而勝，自是益信賭之可恃。克敏之賣國歷史，始於中法實業銀行時代，先後幾二十年，貪黷驕悍，無所不為，而其財終不雄，蓋大多數仍瀉於博也。

北洋政府時代，人稱克敏為「賭之元，抵押之王」，蓋時時拮据，遂無物不押，歷年藏書值百萬，亦押於天津某銀行，多年不贖，某銀行至今尚存其爛帳。

《薛傳》急於《岳傳》

薛伯陵以二千元為基金，徵求《精忠岳傳》小說稿一部，知必有大量之應徵者，惟效果如何，能否產生一較完備之說稿，頗以為疑。

以岳武穆一人為中心，而以北宋至南宋此數十年間之沉痛時代為背景，著成一書，蘄其諧合雅俗，非易事也。必得一大手筆，廣取史料，精心研究，而時間尤為重要之條件，區區之二千稿金，匆匆之數月限期，恐不能有何重大之成就。

吾意，以適應目前急需，盡可取坊間流行之《精忠說岳傳》先為改編，去其怪誕不經之神話部分，將書中所強調效忠一姓之處稍予減弱，而擴大民族敵愾之描寫，此書雖陋，頗流行於下層社會，正不妨利用之。

薛君有此二千元，不如改徵一關於薛仁貴之說稿，以坊間流行之《薛仁貴征東》過於惡劣，非根本另造一稿，殊不足以表彰此一代之民族英雄。讀者幸勿視為笑談，薛仁貴實為歷史上可考之人物，非出杜造（即蓋蘇文亦可考）。征東一役，出於唐主之好大喜功，與岳飛時代之純為自衛而戰，固異其趣，第此事既為中華民族對外活動史之一頁，則繹衍成書亦為必要，薛君其有意乎？

衙門裝飾

談世界各國之「衙門裝飾」者，殆無人能忘卻法國。

法國究不愧為藝術觀念最發達之國家，一切離不開藝術，昔辜鴻銘在北大課堂上大談歐陸各國，謂「法國人做的麵包也比別國人俊」。

義大利之建築術，自十六世紀以來即支配中南歐若干國家，而以法國之接受為最熱烈。其後乃漸變型，自成風格，建築內部之裝飾藝術，可謂大成於法國。

風氣所被，法國一般衙門亦刻意講求「裝飾美」。號稱巴黎最美之衙門，為法國之海軍部，其部長辦公室中，自窗簾、壁紙、燈罩、地毯、沙發，以至寫字臺上玻璃板，配合十一種不同之顏色，僅觀其圖片，已覺穠麗絕倫。

巴黎失守以後，此世界第一之藝術衙門，是何命運乎？言之傷心！蓋淪為德國西線軍之總司令部矣！

愷撒之一

古今大作戰家所作「戰報」，其簡潔明快，未有過於愷撒者。

其與逢皮雅斯在法舍拉斯之一戰，為其統一羅馬之基礎，亦為其前期戰史之最輝煌者。

當其報捷羅馬時，僅發三語曰：「Veni Vidi Vici.」即歷史家豔說之「三V文書」也，意為「來、觀、勝」，爽利極矣。

愷撒之二

讀莎氏劇，述埃及女王克留巴、愷撒及安多紐事，更證以女王傳，知莎氏寫此歷史奇婦，多曲筆。

迨觀好萊塢製之《傾國傾城》片，則更為女王之戀愛道德「美容」不少，飾之者為克勞黛・考爾白，藝術之表現至宏大，狀女王之媚及其華貴無不工。夫媚乃賤之徵，何能與華貴兼？而考爾白能之，此其所以難也。

愷撒傳必有女王之一筆，始不枯燥。二千載以後，吾人讀女王生活之史載，猶能想見當時愷撒權力充溢之氣象也。

免胄

西曆一八六〇年，英法聯軍毀圓明園後，清廷命奕劻、寶鋆與英使巴夏禮議和，設宴於禮部後廳。巴夏禮由衛士數十擁至，分據兩廡，勢張甚；寶鋆後至，眾捫索其身，告以「我為軍械大臣」，不聽，寶氏悲恨萬端，事後賦詩紀感，有「劍戟如林免胄趨」之句。

啤酒雪茄

所謂《塘沽協定》，當時我方之負責人為某氏，敵方代表於秘書宣讀協定原文以後，忽起立為題外之謾罵，呶呶一小時，尚未畢厥詞。某甚憤，面容慘白，惟縱飲啤酒、狂吸雪茄以自製。會終，執事者於案上檢得空啤酒瓶七、雪茄煙頭八。

殺「人質」之罪

第一次世界大戰，德國戰敗後，協約國方面曾發動所謂懲凶問題之論戰，英國之法學家多人，反對成立特別法庭審判德皇等，認為於法理不可通。惟協約國政府當局，必欲通過此一形式以表示戰爭之結束。結果，向荷蘭政府交涉引渡穗皇，荷政府拒之，事遂寢。所謂特別法庭，僅處分十餘不重要之德國軍官而已。

當時輿論雖深惡德皇之黷武用兵，但於其戰敗後之處分，並不感覺何種興趣，對興登堡亦然（與氏亦以虐待俄俘罪被控），惟對麥剛森、比魯爾氏則一致憤恨，懲凶問題實側重於此兩人。蓋麥氏統治羅馬尼亞、比氏統治比利時以後，濫行「人質殺戮」麥氏性尤殘酷，一次殺人質若干，中竟有十歲左右之幼童數十人，羅馬尼亞人至今銜恨。比魯為佈告槍斃「人質」最早之一人，第一次殺百人，張公告於通衢，謂一切責任當由予負之。故法人瑪台爾事後為書痛斥比魯與比京德國政務局長朗慶之罪（朗慶為殺嘉凡爾女士之責任者），謂「人質殺戮」為對全人類之一種敵對行為，超過政治觀點，非一般之戰爭犯可比也。

「斯戴德事件」與徐世昌

池崎忠孝自詡為三十年前早已擊敗美國之「斯戴德事件」，即清光緒末年，清東三省總督允美國財團投資東亞而為日本阻撓作罷之一事，斯戴德少佐則美國方面之負責接洽人也。

此事發動之初，頗予日本以威脅，日府出百計阻撓，當時之東三省總督徐世昌、奉天督撫唐紹儀皆不為動，而北京清政府之所謂軍械大臣奕劻輩不能理解此為外交策略之一，竟接受日人之唆示，淡化其事。斯戴德雖再度來華接洽，終碰壁而去，故池崎自詡為對美外交戰之一大捷，且以惡語毒罵之曰：「此為美國面目潰爛之一大慘敗也。」

自是以後，日寇頗惡徐世昌。

抗戰以後，徐隱居津市，寇屢誘之出，徐則偽為瞶瞀狀，得免於受污，卒完貞而死。當其病時，有人夜訪之，與談天下事，漸及抗戰前途，詢以觀感如何？徐不答，但指壁上所懸「晚晴簃」橫幅，微領其首，意蓋以「晚晴」二字象徵吾神聖抗戰之最後勝利也。

張溥泉

曾於街頭見張溥泉先生，手一絕肥之杖，健步如飛，計其年當亦近七十矣，而矍鑠若此，北人信不易老也。

孫鳳鳴刺汪精衛於南京中央黨部日，兩張皆充分表現北人氣概。老張（溥泉）抱孫腰，使不得轉側；小張（學良）即蹴孫之腕，墮其槍。小張不奇，奇在老張，六十老翁猶有此臂力，何也？

不知溥泉先生素有勇名，且略解拳技，同盟會初期，有所謂革命黨四打手者，溥老其一也。東京叢毆梁任公日（實未至於毆，僅作一擊之勢而已），溥泉實為之帥，任公知敵，且辯且行，溥泉堅執其裾，任公乃絕裾去。

軍機處

清季，政權集於軍機處，當時之領袖軍機大臣，即為事實上之內閣總理，然其辦公地點湫隘如普通機關之傳達室。

其地點在乾清門側，廿六年夏筆者至北平，猶於遊宮時見之，低簷平屋，窗牖甚悶，懸想當日，若干軍機章京午夜振筆草文狀於此，魚燭不明，人影幢幢，孰信此為全國人事行政之最高機構乎？

當時之軍機處，所採為「大辦公廳」制（其實不僅軍機處如此，六部衙門亦大都如此），每每數十人密集一室，空氣惡濁，又甚喧擾，非吾人理想中之莊嚴肅靜也，廊下且置小灶，為諸軍機大臣烤胡餅之用。

斬律

德國軍事當局，於佔領區內使用斬刑，此種捩轉人類史之暴舉，適足表現其內心之怯弱，蓋惟有對於一種局面失去政治整理之自信者，始求助於殘酷之刑罰也。

民國三年，日本對德宣戰，占我東魯以攻青島，當時在膠濟路線上之暴行，曾先後由北京政府外交部抗議數十次。最令人髮指者，則日軍在我平度宣布斬律五條，有鄉人拒徵騾馬亦被梟首，敵之違反理性，不以人類待我，固已久矣。

我將何以報之乎？十八世紀法國俠士之所謂還殺律可師也，民國二十七年漢奸余大雄之授首，特小試其端耳。

林庚白

林庚白先生在港為敵所戕，此訊可相當證實。庚白一生，以人間為戲，龔定庵詩所謂「亦癡亦黠」，庚白近之。其生命如此結束，固極可惋悼，然賢於泥塗曳尾，長跽向人者遠矣。

庚白比年好為雜論，不為時諒，其假婦名為文而與張君勱筆戰事，尤為論壇詼笑之資。大抵其人「面向上而心無主」，不欲自囿於斗方名士之世界，而求為一「策人」，則其人之優處也。否則以其人之才氣，而以琵琶胡語事公卿，京華冠蓋中，彼寧不能為第一流之「文字俳優」耶？

剃刀

坂垣征四郎自命為日本之魯登道夫，敵國人亦多有以此諛之者。論縱橫捭闔之才氣，坂垣何足以望魯，然冒敵險進，犯「戰略執拗」之大病，終致全域覆敗，則魯登道夫實坂垣前車之鑒也。

在上次歐戰中，德雖為戰敗國，而興登堡、魯登道夫二氏，英名不朽。興登堡有一綽號曰「軍盔」，喻其沉著威重也；魯登道夫亦有一綽號曰「剃刀」，喻其鋒利明快也。坂垣自思能當此盛譽十之一乎？聞坂垣舊在東北，固自有一綽號曰「飯桶」，偽滿諸奸當面尊之曰「大先生」，背後則稱為「飯桶」。坂垣軀體寬腫，略具桶象，性情險刻而貌為謹願，自第一度的印象言之，頗似一「無所謂」之飯桶，不知實一積年之大猾也。

朱深捕潘公弼

漢奸朱深，留日習法政甚早而蠢蠢無學，自依附段合肥為安福一走卒後，頗思有以自見。時邵飄萍甫組《京報》，好於報端作政談，屢攻安福，安福諸人皆恨之。朱深時為司法總長，遂告奮勇，謀所以鍛鍊成獄者。一日，《京報》附刊之小京報轉載上海《時事新報》一短文，隱譏朱以聚斂所得供給安福事，原文不書朱名，而其意自甚顯然。北京市人讀之莞爾，朱則暴怒，立以部令命北京檢察廳捕邵，將以妨害公務罪及誹謗罪起訴。邵得訊早，走匿西友家。潘公弼君供職《京報》，出而應接，遂被邏卒牽去。不久獲釋，乃走上海。潘之記者生涯由北移南，蓋始於此。

公弼於吳鐵城主粵時代，任粵省府顧問，吳氏遇之甚厚，粵戰起，吳卸主席職，公弼乃赴上海，任《申報》總主筆。《申報》以美商名義在滬復刊，社論甚有筋骨，多出公弼手。

上大夫

袁世凱任總統以至於稱帝之一段時間中，政象光怪陸離，今日復視其文獻官書，猶多詭筆，如當時文電有稱「馬上大夫」者，指馬相伯先生。洪憲偽朝，海內耆老之名多被篡用，馬亦不免。又有所謂「章都統」，則指章太炎先生，蓋嘗被任為熱河都統，以舉人承乏邊將，事至滑稽，遂有致書先生而尊之為「枚叔將軍」者。

《共同防敵軍事協定》

在中日近三十年來外交史中，有一幕醜劇，即民國七年段內閣時代曾被迫而與日本訂所謂《中日陸軍共同防敵軍事協定》是也。我抗戰以前，倭寇屢以簽訂共同防共協定要我，實為此醜夢之延長。事源於第一次歐戰，中國政府對德宣戰以後，倭人履以共同出兵西伯利亞為言，迫段內閣會簽協定，為共同行動之根據。協定原文迄未經由官書發表，亦無何種外交價值，但觀當日外國報紙所發表之十二條文，除墮我為倭奴之軍事附庸外，無絲毫共同利益之可言。

此密約聞簽字於北京，代表段內閣出席者，為靳雲鵬以下十五員（陸軍部代表為丁錦，外交部代表為劉崇傑），倭國之首席代表似為齋藤實，顧實權殆入於第二席代表宇垣一成之手中。而本庄繁者亦附名紙尾，本庄時僅為陸軍中校，任張作霖之軍事顧問，正開始其蛀食東北之夢生活也。

新腔

郭沫若、郁達夫兩君昔日所為文熱情奔放，而各有一習慣，即達夫好於文中連用「啊啊」二字，沫若則善用「喲」字，如「妻喲」、「仿吾喲」之類，取二君十年前作品驗之，幾無頁不可得其例證。又吳老稚暉筆調甚辣，亦有一習慣，喜於文中連用「呸呸呸」三字，讀時遂益覺聲容並茂。

綜此二事，某君乃作一詩調侃三公，末二語傳誦一時，即所謂「各有新腔驚俗眾，郁啊郭喲稚暉呸」也。

舊日空戰

我國使用飛機，最早當為民國六年七月討張（勳）之役。時張勳擁豎子溥儀復辟，段祺瑞發兵擊之，南苑航空學校校長秦國鏞以飛機兩具助戰，初僅盤旋北平市空投擲傳單，後乃易以炸彈，初炸豐台，再炸清宮，死所謂帶刀侍衛數人。當時投彈方法，係抱彈自窗內一一擲出，今日視之簡陋可笑，殆如玩偶，而在彼時戰果甚大，張勳軍氣為之奪，以野戰炮還擊，無寸效也。

次年，北京政府乃成立航空處，以丁錦為處長，徐樹錚視為禁臠，頗干預之，第丁甚憎惡安福系之所為，拒不與合作。其後直皖交哄，樹錚倉猝不能得駕駛師，雖擁數機而失其所以制勝者，樹錚甚恨丁氏，謂航空戰力之不振，實誤於丁氏也。

奉直作戰，曹錕得飛機助，屢撲落坌張作霖之司令部，張頗為所苦，敗出關外後，乃以全力培植其空軍。故在民國十七年國家統一前，東北航空教育之盛，有不可輕視者，今日我國之空軍老將，多東北舊人，原因實在此也。

小說家吳稚暉

吳稚暉先生對政治似無興趣，而有時不免談政治，然名之為政客，不可也。一生博覽群書，中西學術造詣甚高，而性不樂擁皋比、稱教授，又不喜剽譯湊纂，為種種之書出版以欺世盜名，故名之為學者，亦似有所未盡也。欲覓一名詞，以概括說明先生為何如型，則胡適稱之為「思想家」，實最公當。

今吾稱吳先生為小說家，僅節取其技能之一點而言之。若干年前，先生出其《上下古今談》四卷，付文明書局出版。書為章回小說體裁，以一女童及一秀才教師為主腦，目的在灌輸國人以種種科學常識，雖精審無比，而就小說之效果言，不免枯燥沉悶矣。讀者謂是「新《野叟曝言》」，蓋笑其腐氣騰騰也，惟《野叟曝言》為反科學的，此則為純科學的，實不可同日而語。

先生之文筆，師承「放屁放屁，真正豈有此理」之《何典》，似極橫鶩。然《上下古今談》則微嫌癡滯不化，不若其後來所作雜文之淋漓酣暢也。

士官生二事

河北范君，蔣百里主保定軍校時之學生，年猶長於蔣氏一歲，而平日對蔣執禮甚恭，近語予兩事，可記。

國人留學日本士官學校，後期較前期諸生為秀，其學籍在清光緒二十餘年以前者，多顢頇不解事。及滿人良弼與蔣百里氏先後來，乃嶄然露頭角。蔣氏卒業士官，後入陸軍經理學校，研究軍制兩年後始改赴德國，在德國軍校中常維持高度之學績水準。白倫堡將軍，其師也，素輕視東方人，見蔣而觀念少變。實習時任德國步兵某團之中隊長。蔣自覺可為一健全之軍事教育家與軍事理論家，實際總軍作戰，經驗殆猶未足，三四十年來，蔣氏始終以此身分與世相接也。

范君又云：士官畢業生中，尚有一名人，即民國二年間之豫匪白狼，袁世凱政府頗為所窘。白真名為白朗齋，河南汝陽人，曾任吳祿貞之參謀，吳死，始為亂。當時陸建章任袁世凱之軍政執法總長，殺人如麻，陸亦字朗齋，時號「綠白二狼」云。

白起

時人言殲滅戰者，多首舉坎尼會戰之漢尼拔（西曆紀元前二一六年），奉以為最早之大師。漢尼拔坎尼會戰之特色，為故意使正面弱於敵軍，而強其兩翼，包抄敵後，更以兩騎兵團隊為外翼，為更大弧形之包圍。至於今日，戰鬥方式與戰器雖已有巨大之變更，而會戰條件不變，此種戰術原則仍為一般戰學家所奉行。

在我國歷史上，秦將白起即以善用此戰法而獲得成功，論年代，固猶早於漢尼拔。當長平會戰時，白起故虛其正面以誘吸敵主力（趙將趙括），而別以兩奇兵（合二萬五千人）劫其後，更以兵一萬五千人為更大弧形之包圍，窒絕趙兵歸路而聚殲之，其作戰典式與漢尼拔之坎尼會戰幾無二致。

世界之戰史家只知有漢尼拔而不知有白起，則以我古代史冊簡闕，對於每一重要戰役，無詳確充實之材料足供追考研究故也。

班超之可愛

新疆之前身為西域（廣義之西域，包括伊朗高原諸國及俄屬高加索一帶），西域之名詞見於國史，始於漢，而《逸周書》敘夏殷事，已有「莎車」之名。《逸周書》雖係偽書，然西域與中國之關係，至少當在張騫出使之一千年前，殆無疑義。

此起於夏殷迄於新疆建省之數千年間，經營西域之無數人傑出現於歷史，給予吾人之印象最深者為何人乎？吾以為當推東漢班仲升（超）先生。

班超之成功，在其機巧與膽略之能高度協同，而其特別可愛之點，則身出漢代著名「史閥」之家，為百分之百的「文化貴族」，而絕無陋文人氣，其絕對輕視文人，認為文人不足以成大事之一點（如投棄筆硯，及在ガ善實行三十六人暴動時，拒絕先與從事郭恂會商），吾人證之於史，實不能不承認其正確。左季高先生（宗棠）雖亦為經營西陲之功人，而措大畢竟是措大，觀其事後所為之章奏及幕府諸人所輯之紀錄諸書，為其實際並不甚強大之武功誇張，專恃技巧藻飾，可知其「襟度」矣（此處所言武功，不包括其政治成就）。

倨傲

如對曾、左、李三氏作人物性格之評價，則曾氏多偽，左氏浮誇，惟李合肥比較富於「人情美」，故當一危疑震撼、屈辱艱難之局面為曾、左所不能堪者，李氏能任之。以政治氣質與政治手腕言，曾、左不如李氏，此世之公評也（政治人格當別論）。然其人在青年時，以巧黠不矜，得以適應環境而扶搖直上，既取權位，性格亦稍稍變矣，迨至晚年，則倨傲虛驕、專鶩形式，成為典型之老官僚，蓋中國官生活之移人，雖精幹如李氏者亦不免焉。甲午戰爭以前，李為北洋大臣，朝鮮事件歸其處理，伊藤博文謁之於天津，李盛陳輿衛，峨冠倨坐而待之，伊藤故陰險，忍氣而歸。馬關條約時，伊藤私以此事語伍廷芳（李氏隨員），猶有餘恨。其後李氏赴俄，並歷聘歐洲各國，作風不改，歐人對李氏之第一印象，為一「幾乎完全戲劇化之儀式人物」。蓋近百年來之世界外交，「陰狡虛謙」成為公性，斷無以貴倨凌人而能取得外交效果者也。

辛丑訂約，李氏力當前衛，頗遭挫辱塞氣不能言，約成後二月，遂死。

殲滅戰之第二大師

白起之長平會戰，其過程與戰果甚似漢尼拔之坎尼會戰，前已言之矣。比讀史，至鄧艾襲蜀漢一節，覺其設計之精巧，實不愧為我國歷史上運用大迂迴戰略最成功之一人（亦為古代機動戰略最成功之一人）。兩者皆以殲滅戰為主目的，而鄧艾迂迴敵後，使會戰位置成為面對本國「國境」向敵尋求主力決戰之奇險位置，此亦有局部似後來歐洲之色當會戰（西曆一八七〇年），蓋其成功視白起為尤難矣。

當時，蜀漢之主力在劍閣，鄧艾即由陰平奇襲，連下江油、綿竹，同時必須消滅劍閣姜維軍之主力，始可達成其奇襲之戰果，故其當時之戰略任務，乃為面背兩面作戰，鄧艾之決心與魄力實極可驚。使非劉禪投降，賴姜維停戰，姜維之全軍必不免於殲滅，蓋一切已為戰略機元之命運所決定矣。

哈爾濱車站

西元一九〇九年十月二十六日，韓烈士安重根殺伊藤博文於哈爾濱車站，十年後，所謂蘇峰學人之德富豬一郎遊東北，至哈爾濱車站，憑弔伊藤遺跡，於其《支那漫遊記》中詈俄人。

伊藤於被殺之半年前，辭朝鮮統監職（繼者為曾禰荒助），至哈爾濱，與當時之俄遠東總督協商事件。伊藤出入初無警戒，後不自安，漸以甲士隨。安重根狙伏車站側，出彈殪之，伊藤既蹶，中村趨扶之，告以兇手為韓人，伊藤遂悲詈「馬鹿」而絕，「馬鹿」蓋伊藤之最後語言也。

哈爾濱之淪於敵手，係西元一九三二年一月二十八日事，與「一・二八」同日。當時全國報紙爭以滬戰為大題，此東陲名城之陷失，僅於紙角占得數行之記載，其事去今亦十年矣。

還炮

希特勒以拿破崙遺炮歸還法人。一百三十年前，拿破崙經由斯摩棱斯克敗退，棄炮於此，希特勒今以還之法人，蓋多少含有挑撥法、俄民族舊恨之意味。

然而，附隨此炮以去者，卻為俄羅斯人之呼聲：

「法蘭西人乎？若以目前之一歷史階段比之拿破崙時代，則今日之法蘭西非即昔日之普魯士乎？一千八百十二年，俄羅斯人擊退拿破崙，驅之出境，緊接即為普魯士人之解放戰爭，普魯士人之解放必以俄羅斯人之勝利為基礎，法蘭西人亦知之乎？不使希特勒敗績，自俄羅斯國境棄甲曳兵而去，法蘭西人有何前途乎？」

南京

可憶念哉，十五年前之南京學生生活也。

已不記為何歲，但知為一秋夜，忽集數學友作夜遊。初至明故宮，稍向東北行，時有路上朝陽門，無多樹，一望廢墟，而舊時宮路為姸月所照，猶有天街如水之意。叩古物保存所之門，無應者，欲得茶也。其後似曾出城，戍卒何以而竟允，亦都不憶，但觀城外風月、大異市廂：

鍾山演迤於前，峰半受月，現酪白色，氣象幽玄崇美，不可言狀。其月力所不及處，翕然內凹。峰極微禿，仰之彌高，而青蒼壓眉，意大愉適。彼時若已有天文臺等建築，必無此種高純之美。

一河循城垣北流，逐之行，可至明孝陵。相攜前進，得小塘一方，與河流接。塘角有大石，凸出水面寸許，水過作聲如琴。天上之小雲大月倒映入水，澹秀如畫，水光反射，清可沐發。此種意境，為定都後所不易再得者，蓋輦資數十百萬，修瀝青路、造大宮室，力猶不能至此也。

回憶中南京之美，吾無俊筆，無能寫之，顧三年之別，苦念不忘，雖無俊筆，亦豈能竟不寫之哉？

饑僧

對西湖最深刻之印象，為舟行至劉莊上岸時，見二饑僧合掌向人乞錢，年皆五六十以上，垢面、破衲，目中停寓一種淒清絕望之光（衰年人所常有者）。初以為偽，置弗理，既而思之欲畀以少錢，則喃喃追逐一貴婦，入莊去矣。

還舟時，見二僧仍立故處，日光曝之，穆然不動，吾舟去既遠，回視猶在。比誦散原先生詩，至「日斜煙水亭邊寺，知有饑僧更不歸」句，不覺淒然成憶。

夜曲

深夜中，每於小市街頭聞胡琴之聲甚淒，循聲視之，則一人且曳且行，目不旁瞬，或數十百武猶不停，或至一巷尾而小作徘徊。其人必四五十歲以上人，顧如遇買歌者，則弄琴以外，猶能作女聲唱時新小曲。吾每夜歸輒在一二時後，宵涼如水，深巷人家多已睡，此藝人既無所獲，琴聲乃益淒咽。吾少年多感，有時隨行數里，予以最嚴重濃郁之同情，彼未必解，吾自惘然。

十餘歲時，流寓漢皋，於江岸碼頭聞一歌者獨唱《孟姜女尋夫》，手一琴，作音甚悲。此處街頭濘濕，路燈無光，竹肆甚多，發為黴臭，吾遙聽之，至於對樓酒客散盡猶不去。後作《荒江散曲》，寫吾餘感，今取一讀，種種情景如在目前。

某君《泊吳城聞歌》詩云：「月隱高城夜俏然，管弦淒緊入湖天。無窮離合悲歡事，回首蒼茫十六年。」細細味之，始知人間靈感之為何物，而音樂所操縱人類靈感者，其強力有如此也。

某老人

寓京時，常至廟上茶肆中觀弈，一老人要吾共局，此人畫瘦皮皺，老態如尼，年約六十，食鴉片且已四十年。彼日至茶肆中與人博小彩，得銀數角便倉皇去。顧老鈍不易勝人，則與新進少年作對子戰，意在得錢，不欲自高其壘也。

吾與之漸習，不論勝否，日必畀以銀數毛，老人甚重吾。

一日，淒然告我曰：「明日行矣，請為最後之一局。」吾難負，彼仍力卻彩錢，至於面赤。蓋老人貧不能自存，將往某地依其子，其子傭書官府，月入裁三十金耳。六七年來，未再見此人，不知其生死消息，意者，尚憔然苟活於此動亂萬端之偉大世界中歟？

除夕

某年除夕，獨往莫愁湖（南京）散步，黃仲則詩所謂「悄立市橋人不識，一星如月看多時」者，吾乃深切體味之。此境一生能幾回得，吾今猶念之不已也。

尚憶湖巷人家多養鴨，又多媚神，是夜滿地植燭，鴨作諒啼，一鴨破籬出走，眾噪逐之，吾遙觀以為趣。又見一寒鳥，掠湖水向對岸飛去，影一團，疾沉於墨綠色之夜景中。

吾念此種境象，將為吾畢生美秀之回憶，低徊歌嘯者久之，此事去今亦十餘年矣。

靈谷寺後

靈谷寺在民國十六年南京建都前，地既僻隘，訪者甚稀。寺最後志公塔，一僧居之，其面瘦小如嬰，且作死灰色，吾合數友往遊，此僧方飯，捨箸即起，視其所食為何？則豆渣一缽，攪以油鹽少許，別一小器，置蘿蔔脯數片，僧恧然曰：「我輩苦人耳！」出至前殿，則兩賊禿足恭向前，且曰：「公等燒香來耶？」一甚胖，一則瘦有髯，滿面笑肉。靈谷佳地，著此惡物，我輩皆為歎息。

未幾，南京建都，靈谷漸成鬧地，志公塔舊址改植紀念塔，豆渣和尚為寺長所逐，遂流居山中，為製草鞋匠，見吾猶識，合十言曰：「我輩苦人耳！」

後不知所終。

夜歸

夜十二時，下市樓，沿河緣小路折入大街，工侶四散，吾亦歸廬。在天寒月，無一雲之翳，此境清豔，吾不善寫秋，無能狀之，而愈行愈冷僻，至於全市蟲眠，惟路燈之光數粒粲粲於燈桅上耳。

過某橫市口時，見一賣小食人，下其挑，憩於道左，雖有手梆，不敢一鳴，一員警旁立負手視之，相對寂寞。吾忽愴惻，邏得一車，疾乘之歸。將近吾所居之巷，又見數夜歸和尚，籠一燈緩緩西去。一和尚口哼小曲，見吾似慚，急捩其聲作微咳，欲掩之也，吾微笑而已。

六通寺

民國二十五年，留杭州兩月，遂日日走西湖。

時為暮春三月，西湖忽雪，未半日而晴。泊舟定香橋，循赤山埠至穎秀塢，於六通寺中見茶花兩樹，謝矣，大瓣滿地，風驅之入禪室，情態豔絕。予踞坐蒲團上，不見一僧，兩童掃殘雪，筐之出。色境之不調和，為吾在湖上所得印象之最。

今日思之，花飛似蝶，雪糙於糖，真覺此境不易寫出。

青溪

吾對青溪，有特殊之觀感。

遊青溪，以黃昏時為最好，獨買小艇，泊河岸最靜處。其前為菜畦，又前為疏籬，籬外則土瀝青所為馬路，錮軍來往喧馳，如觀動畫。

遙見柳陰下胡床上，一嫗倨臥，呼之不應。更視河面，則疏疏落落，數小舟載客過，有捕魚舟滿立鷺鷥，一小兒董之，鼓桌嘯歌而去。

鍾山蒼然，如野僧作晚禱；青溪境趣，以此時為最好。

此外，則夜深舟遊亦有情致。一歲秋夜，我嘗獨據一舟，聽鄰船賈「河伎」歌，至數十折猶未已，且多綠楊城思婦之小曲，其人鄙猥，其音淒澀，我惟聖婉視之。散原先生有句曰「鄰歌只是牽人意，博得憑欄露濕衣」，淡惋之極，知人間真有此一境也。

騾車

十餘年前，北行至於山東道上，漸見騾車。騾雖負重前趨，猶有江南佻健之意。逾大河以北，則一望平原，並童禿之山亦無之，或風沙作黃霧，起落千萬丈，覺天地之容色皆黯淡，吾時年尚稚，悒鬱無歡，以為北國風景殊不如詩冊中之明媚也。

已而，風靜，見西方起怪雲數十朵，蓋落日絢之成彩，而軌道邊正有一騾車蹣跚北行，為雲彩所反映，斑斕有致。吾特注視，則車中滿積布袋，其上更臥數關西大漢，或口噙旱煙管緩緩吸之，神情暇豫而騾苦甚。騾眼未障，右目似方生棱，口噴白沫，此最後剩餘的生命之漿也，已開始被壓榨而外流矣。

抵北平後，時見騾車，僅載一二物或一二人，跳蕩於周道坦坦之柏油路上，不知何故，心甚憎之。

建文峰

小憩南泉，時時趺坐於建文峰下，因而思及此四百年前的著名「薄命皇帝」。

建文峰之得名，以明建文帝於永樂篡位後出亡，曾結茅於此，此事於史有徵，僧謂建文帝即在此峰祝髮，則未可信。建文之「僧生活」第一章，係度於雲南永嘉寺，四年後始逃至重慶，後以庵屋為地方官所毀，遂遁回雲南，蜀劇有以此為題材者，似名《搜山》，頗淒惋也。

建文之四十年亡命生活，遊遍西南西北諸名山，其遊蹤所及，凡十餘省（曾三度入蜀），徐霞客視之且為小巫，惜不能文，遂無表現。

後人以「薄命皇帝」視建文，試問如此壯遊，五十年來有幾個皇帝曾享受過？史謂建文柔暗無能，其實此人氣質浪漫，絕非做皇帝之材料，宜其為雄猜之永樂所逐也。

孝陵櫻

「輦道飄香感廢興，髯翁風味走花塍。當時被發伊川痛，萬樹櫻花種孝陵。」此劉成禺《憶江南》詩之一也。

戰前數年，倭人日言親善，而百出其計以凌我，某次，以彼國櫻花數百本見贈，必欲種之陵園，使我聖地增此東洋風景，我不能拒，雜植之於明孝陵隙地，而旅京倭人遂日挾肥女來此徘徊。予曾於其地兩見須磨彌吉郎（駐京倭總領事），一次竟攜酒歌呼花下，為之悲憤無已。

今不知作何狀矣！他日振旅還京，必盡刪之，斷不許此賤蕊永污我雄陵也。

王禮錫小詩

王禮錫君著作等身，而彼每日遜曰「不值一讀」、「不值一讀」。惟甚自寶其詩，坊間出版之《去國草》，實其最得意之作品，沒後，夫人小鹿女士每購以贈友人，曰：「持此如對禮錫也。」禮錫詩之最流傳人口者，為「婦孺屠戮成何世，隔海同仇皆弟兄。沸血斜陽紅古市，萬千人死自由生」一絕，蓋詠西班牙內戰佛郎哥軍屠城事。詞甚悲壯，人類歷史不能割棄此慘痛之一頁，禮錫之詩亦當永傳矣。

吾並愛其《去國》五十絕句之二，一記倫敦旅居云：「二手舊書賤過紙，買來塞座史兼詩。一樓聊復稱風雅，深巷濃陰近克慈。」一記塞因河畔書市云：「廠甸深簾故紙香，神田夜市亦輝煌。賽因最愛沿河路，古畫陳書閱夕陽。」以詩境言之，高湛深淑，亦不可多得。

辯冤

有一報紙，泛論福建無行文人而孱入林宗孟（長民）之名，此冤獄也！宗孟之政客生涯，不免小德出入，第比之同期諸人，尚為堅士，其附合郭松齡之革命而死，自表面之事實看之，不可謂反軍閥競爭之犧牲者。其人今如尚生，必不作賊，今執以與梁鴻志、陳群狗彘同列，宗孟地下有知，不瞑目矣。

徐志摩之〈傷雙栝老人〉一文，頗能寫出宗孟之若干性格，宗孟在研究係中，其名為梁任公所掩，而其文藝造詣實在任公之上，對於藝術興趣亦較濃，不幸竟不能有所表現，而倉皇拉雜以沒也。

吃「五四」飯

蔡孑民先生往矣，人言蔡先生之門生滿天下，而不知今日之掌教大學者不僅為先生之門生，且多為小門生，不僅為小門生，且多三傳門生，倘以十六倍數計之，其蕃殖率殆極驚人，故謂今日之全國大學生皆為蔡先生之第四代門生，雖戲語，無不可也。

先生性和易，少言笑，而有時作語極風趣，北大同學會曩在京中，每逢五月四日必盛宴同學而捧先生為上座，年年如此，先生頗憊苦之，一次戲語鄰席曰：「吾輩此日真成吃『五四』飯矣！」一座啞然。

徐梁

安福系用事時，林畏廬門下有二士，皆權熱不可一世，一為徐又錚（樹錚），一則梁逆鴻志。梁逆與其兄白原同納贄林門，而畏翁不喜之，偶見梁作詩有「漸老從亡妾，還翻未讀書」句，以為峻刻過甚，非端士之吐屬，梁逆亦不甚過從。又錚雖拜門少晚，而執禮甚恭，嘗牽引畏翁少子出為小官，畏翁溺愛此子，不能禁也。安福系盛時，或問畏翁：「二門生如何孝敬？」畏翁苦笑曰：「我有一子，一門生教之做官，一門生教之嫖院而已。」前者指徐，後者指梁。

彭學沛

相傳某次某會議中，討論禁煙委員會負責人選既定，錄案通過，已無事矣。一人忽作諧語曰：「本席以為此事實以彭學沛去，為最適當。」眾問曰：「何也？」此人曰：「言禁煙，任何人不能忘卻林則徐老先生，而彭學沛先生之大名，與林則徐老先生對得實太工穩，我故忍俊不禁耳。」

胡適放林損

胡教授林損（公鐸）素喜獎掖同鄉子弟，而獨恨梅逆思平。梅逆不惟與教授為溫州同鄉，且為其北大時代之門生，顧教授甚薄之，屢斥其學術荒疏、道德低下。梅為江甯實驗縣長時，侵蝕達百萬金，教授每言及，輒浩歎，以為紀綱失墜，遂令豎子橫行。教授昔在北大與胡適不睦，改入中大，授諸子及漢魏六朝文，當時有「胡適放林損」之說，放者放逐也。或曰「胡適放林損」可對「陳平害范增」，不僅字面工穩，即情事亦相類，以告教授，教授不悅，曰：「胡適何人，能使我疽發背死乎？」

遵義

由黔入川者，無不知有遵義，為婁山南麓一巨邑，抗戰五年中，予數過其地，印象甚深。

唐代詩人柳宗元與遵義曾發生關係，唐憲宗時柳與劉禹錫以黨於王叔文，為清議所薄，皆放出為遠州刺史。柳得柳州，禹錫得播州，宗元曰：「播州非人所居，夢得（禹錫家）有老母，何能往？」自請與易，憲宗憐之，命禹錫改赴連州。唐之播州即今之遵義，彼得雲貴高原殆似與人世隔絕，故宗元有「非人居」之語。宗元之政治道德似不甚高，惟請代禹錫入黔一事頗俠，惜憲宗未之允，否則宗元以寫柳州之筆寫遵義，西南風物當可提早一千年由柳文而傳也。

遵義今日已成新興都市，西式樓屋林立，夜間萬炬通明，行人如蟻，誰復知為柳宗元時代之播州乎？時諺每曰「歷史去人未遠」，以吾觀之，去人遠矣！

四公子之結局

陳伯嚴先生逝世已數年，此老當艱危之際不濡所操，不惟鄭孝胥輩泉下相見無地可自容，即陳韜庵、陳石遺等對之亦有愧色。

先生為所謂清末四公子之一，其他三人為譚復生（譚繼洵子）、吳彥復（吳長慶子）、丁惠康（丁日昌子）等，結局皆甚慘。復生被戮於菜市口，彥復貧至無錢買藥，叫號而絕，惠康以嘔血死，惟伯嚴先生晚景稍優，復享上壽。乃值寇陷北平，旌旗易色，群醜以先生聲望可用，圍逼之無虛日，先生本疾甚，怒罵撐拒，中心抑鬱，遂成嗝疾，不能進食凡數十日，槁餓而卒，以衰翁歷此境，亦可謂慘矣。

有人以譚嗣同與先生比之舊俄貴族出身之兩大作家，譚似普希金，先生似托爾斯泰，不可謂其無似處。先生之一生成就為舊詩，舊詩在文藝領域中封疆太仄，且遠離一般社會生活，自不能如托氏作品之發生廣大效力。第吾謂兩人有似處者，則節取其一點，先生亦為一濃厚之人道主義者，其詩中滿含悲憫之旨，惜陳義過高，不易為一般人所瞭解耳。

江南情調

冀野自西北勞軍歸，舟行過高家鋪，成一詩：「路轉峰回天未晚，高家老鋪一停舟。崖間叫賣葵瓜子，錯認烹茶得月樓。」得月樓，南京文德橋畔一茶肆，歷史殆近六十年。矮閣鄰水，甚饒風致，冀野居京時，常約友朋茗話於此，或有幼婦挈筐來賣葵瓜子，一銅元一掬。此純粹之江南情調，已五年闊別矣，不意冀野乃於數千裡外之巴蜀得而重溫之，詩雖淡婉，而其意固甚楚也。

英語家庭

舊俄時代之貴族，相見多持法語，即子居與家人談話亦多用法語，俄語惟對奴僕及所謂下等人用之。若輩視自國語言為「奴隸語言」，而以操他國語言為榮，此亡國之心理，不意在吾國中乃有悖謬更過於此者。

某大人，一著名之英語家庭也，即僕媼廝養亦必選用能英語者，視舊俄貴族更進一步。黠者知大人性之所好，每有所求，輒以英文信札達之，不必即奏效，而至少可保證為大人所寓目，其他千千萬萬以國牘干祿者，多被記室拉雜投入紙簍，甚冤苦也。

章太炎為鄒容作傳，寫鄒氏無條件的排斥外國語，未免矯激。第學會外國語，非用於求知與「必要之國際交際」而浸以代替國語，雖家人父子之間亦養成捨此不能達意之情況，則實非正常之現象，非吾人所敢望於當世之明公貴卿者也。

太炎不癡

比記太炎先生與其高足黃季剛頗多，偶復憶一事，甚趣。

太炎先生晚年，性氣稍和而態甚莊肅，一日與黃季剛同坐閒話，忽發問曰：「季剛汝試答我，婦人身上諸物，以何物為最美乎？」季剛忍俊不禁，則徐徐答曰：「未知也，先生之見何如？」太炎先生欣然曰：「以我觀之，婦人之美，實在雙目。」季剛大笑起曰：「人謂先生癡，據此以觀，先生何當癡也？」

季剛平日，每比其師為蘇格拉底，而自視為柏拉圖，蓋謂師氏之學散漫，惟己能整理之，又以蘇格拉底根本蔑視美，而柏拉圖則為一甚關心物美者，以喻太炎先生之癡，而已則風流能事也。自經此問答，對其師之觀念遂一變矣。

飯社

數年前，夏劍丞先生在滬結一「飯社」，社友八人，每週聚餐一次，循次作東，各以巧鋪精食爭勝。此風舊日北平亦有之，畏廬筆乘所謂「合會為食」者也。此八人，邪正清濁各半，清正者四人，夏劍丞、李拔可、黃孝紓、盧冀野；邪濁者四人，梁鴻志、李國杰（已死）、李宣倜、黃濬（已死）。

劍丞、拔可兩先生今猶蟄居滬瀆，貞苦自持，孝紓不知棲遲何所，冀野西來供職中樞，此數君嚴守民族立場，不朽士節，視梁、李等四逆誠有天壤之別。顧八人之會，反了一半，飯社之名亦不吉矣（飯字之一半恰為反）。

賽嫗

賽嫗（金花）在北平死後，葬於江亭而禿然無碑，民國二十六年，蘆溝橋抗戰發生前一月，予在平往視之，陶然亭之僧語予曰：「有潘某者以墓表來，方倩名手鐫之，未完工也。」

後乃知此潘某為鹽山人潘燕生，即戰後為偽北平公安局長之漢奸潘毓桂。潘曾在宋明軒幕中任事，以鄙佞無恥，人多目為漢奸，宋遂黜之，潘自以為佗傺，頗欲借賽嫗墓表發其鬱。《實報》曾載墓表全文，以賽之交歡瓦德西媲美於明妃和戎，其詞甚醜，文曰：「賴明妃延赤帝四百年之天下，生民免於荼毒，宮室免於夷蕩，其功之偉，當時或不盡知，而後世有識者。」以此筆法揄揚賽媪，潘逆自身之漢奸意識固充分流露，而以漢奸之尺量賽媪，媪豈不冤哉！

康子之事為賽媪歷史之一部，而非其全部，且即以此一部之歷史而言，媪蓋莫知其然而然，必以此誇耀為賽媪不世之功績，不惟左視媪，且甚賤視媪，賽媪生前頗愧言瓦德西事可為證，惟漢奸潘毓桂之流，始以此奇恥為光榮耳。

馬達加斯加島

法屬東非巨島馬達加斯加，在盟軍之控制中，此為盟軍在印度洋之一重要伏筆。

此為世界有數之大島，面積稍次於英吉利島。西人有語曰：「倘英吉利島為上帝之獵靴，則馬達加斯加島當為上帝所著以赴茶舞會之鞋。」可見其面積矣。

在近代歐洲外交史上，馬達加斯加島曾參與一詭譎而奇麗之史劇。時在一九一一年德法摩洛哥衝突以後，而在第一次世界大戰爆發以前，德皇威廉二世知欲圖法，必先破壞法、英之聯絡，當時有一計畫，使德、法結合而孤英勢。新聞紙且喧載，德國政府正考慮以亞爾薩斯、洛林兩州還法而交換馬達加斯加島之說，其實為外交上之騙局，德人斷不肯以此荒漠易其繡壤，法人亦知之，故法、英之合不破。

庚子外兵北侵之戰略觀

庚子之變，所謂八國聯軍僅以十日之時間，即由天津攻至北京。據穆斯之《中國對外關係史》所記，當時聯軍全數僅一萬八千人，且未有統帥之設置，近於各自為戰，而中國軍隊竟不能稍抑之，事之可痛寧有過於此者？

穆斯記云：「聯軍當時所取戰略，係分兩路前進，一循運河左岸，為右翼（俄、法兵約六千人屬之）；一循運河右岸，為左翼（日、英、美兵約萬餘人屬之）。似其主力在左翼，首先攻佔楊村，迫直隸總督裕祿自殺者，即此軍也。就戰略地理以觀，楊村失守，北京便無可為，而當時國軍乃集中於河西務通州一帶，自蹙其勢，使敵人得遂行其有效之鉗擊，安得而不為所殲？至於董福祥廣渠門之抵抗，為一全無戰略根據之巷戰，事雖悲壯，亦無以挽救大局矣。

牽引「非正規軍」作戰，為戰鬥法則之大忌，當時之國軍雖窳，顧若能嚴其行列，使成為有指揮體係之行列，則雖應戰而敗，亦不至潰亂如此。不幸乃與全無訓練之義和團混合作戰，一敗遂不可收拾。

是役作戰之全部詳情，以手邊無書可考，若就穆斯之簡單記載以觀，則聯軍當日所取戰略粗疏荒陋，弱點甚多，如對於沿途各戰略基地全無分遣，後續部隊之準備亦無，但知單軍猛進，一擁而入北京，使我國當日有高明之指揮官一人，率精兵一萬與抗，正不難盡殲之於大河兩岸也。

麥克亞瑟與本間雅晴

去年此時，麥克亞瑟將軍正統率其在數量上顯然居於弱勢之美軍，作菲島之防禦戰，敵方之指官則為本間雅晴，番號第十四軍團，敵人所自詡為「熱帶作戰兵團」者也（其屬於特種編制及特種訓練之情形，略似隆美爾之非洲兵團）。

麥克亞瑟雖為戰略家，且為美國陸軍中最有熱地作戰經驗之一人，其奉命組織菲島防軍，遠在八年以前（猶憶當時報紙譯其名為麥克亞肅），但敵軍一九四一年底之突然進攻，超越常識估計，故倉猝應戰，不能取勝。

本間雅晴則為敵軍部特派以專刺英美軍備之一人，第一次世界大戰時曾投入英軍，參加亞眠會戰，熟於英美軍隊組織，其報告書至若干年後，猶為敵軍部所憑以推算英美軍備之根據。美國記者馬克謂本間為海軍現役大將，實誤，彼仍為陸軍中人，特與進攻新嘉坡之敵酋山下奉文同為敵陸軍中之南進派，與敵海軍之旨趣頗相近耳。

淮軍諸將

淮軍建於李鴻章手，諸將與李氏之關係，更密於湘軍諸將之於曾氏。故讀史者每謂淮軍之私軍色彩最為強烈，使李氏當日有較高之政治意識，利用此軍而為民族性之異動，天下事未可知也。

在對洪秀全之戰爭中，淮軍之表現不如湘軍，然以其為後起，較能接受新教訓，故當時淮軍之裝備及訓練皆優於湘軍。所延西洋武弁不乏佳士，而火器戰術運用適當，尤淮軍之特色也。

惟洪楊戰後，諸將皆習恬逸，爭買園宅奴妾為老計，士卒亦無鬥志，甲午中日一戰，淮軍之弱點悉暴露，軍運亦從此絕矣（以後代之而起者為新建陸軍，即民國最初十年間支配全國政治之北閥諸軍）。

四十年前中國對外之數次抗戰，淮軍幾無役不與，其間亦有建功之名將，如中法戰爭時之王孝祺與章高元（諒山戰役實王氏功，世只知有馮子材），而庚子天津之戰，聶士成之死尤壯烈，諸人皆淮軍幹部，從李鴻章最久。

賭與作戰

戰爭為一種具有科學性之賭博，故作戰與賭博，其理有可通者。

惟軍事機元，決於許多條件，與賭徒之過分偏重於偶然機會者大不同。

精於賭博，在或種之意義上，亦有助於其作戰之機謀。中國古代名將之為賭徒出身者，其例不勝枚舉，僅就記憶所及舉之，如霍去病、陳湯皆是也。

現代軍事人物，如德國之北非指揮官隆美爾，為一著名之賭博家。日本進攻英美之指揮官，即所謂遠征艦隊總司令山本五十六，為敵海軍中一大賭徒，自詡其「橋戲」之精熟，可與英美之第一流橋戲名手相角。

蔣百里先生究為一明智之軍事學家，彼能認清賭博之訓練與作戰之訓練間實有其微妙之關係，在彼主持保定軍校時，不反對學生為「正當之博弈」，使學生之機智與心算得以為有興趣之發展，故保定前期生皆精於圍棋、象棋諸戲。

廣安門

予所經國中各巨邑，其城門譙樓之美，無過於北平廣安門者，氣勢雄特，角度俊整，而膏黃躍碧，光彩尤豔，世傳為北平舊日各城樓之「樣樓」。

蘆戰既作，敵軍一小隊曾躁攻此門，為守軍擊退。民國二十七年猶在日本報紙中見一圖片，攝取敵軍當日圍攻狀，嚴關巨牖之下，數十「豆兵」仰望發銃，厥狀委瑣可笑，然數日之後此城終於不守。

廣安門一名彰義門（或書作張掖門），庚子八國聯軍陷京，此區劃為美軍防地，蹂踐較少。

托洛斯基與魏剛

蘇聯紅軍在此次對德國抗戰以前，所經歷之最大一次對外戰爭，當為一九二〇年之波蘭戰役。此役，史家亦稱為「魏剛與托洛斯基之會戰」。蓋蘇軍方面負責者為革命軍事委員會主席托洛斯基，波蘭方面之主帥，名義上雖為畢蘇斯基，而實際之指揮官實為法國派去之參謀長魏剛。

當時，畢蘇斯基本已處於敗境，蘇軍且直逼華沙城下，而魏剛於距離華沙僅十五公里之地建立反攻基地，竟一戰而勝，托洛斯基連續潰敗七日，軍隊被俘者達七萬人，法國戰史家竟稱此為堪以媲美坦能堡之第二典型殲滅戰。

蘇聯史家批判此役，則歸咎於托洛斯基之指揮失策，謂其不應將南方主力軍輕率調開，更不應放棄裡窩夫之攻擊而以全力向華沙攖進，致為敵所算，於是總結而直斥之曰：「是為托洛斯基之陰謀！」（見《聯共黨史》）

歐陽竟無

兩年間，江津有兩哲人逝世，懷甯陳仲甫先生與宜黃歐陽竟無先生。

歐陽先生名漸，從吾邑楊仁山大師學佛，仁山大師寂化後，先生遂自視為中國佛學界之第一人。於南京半邊街立「支那內學院」，為國人研究佛學之唯一學府，政府頗善視之，亦年有給助。

陳銘樞氏有一時期（約在北伐前數年）頗灰心政治，忽發願向佛，入院為生。「真如」一名取自梵典，即歐陽先生所予。陳氏禮敬先生甚篤，其作字撰文亦皆摹仿先生。惟先生於世學本不甚精，佛學以外之表現，實尚待估價也。

歐陽先生晚年，「癡學人」氣最重，乃至著靴、拭涕皆需人伺應，此點最似章太炎先生。惟神致清明，戰後流居江津，不廢課業。

先生與人無忤，而畢生與太虛不相合。戰前一年，太虛曾發為僧伽競選國大代表之論，先生力抵之。去年見太虛於某佛學刊物作文，猶齗齗未忘此訟也。

蔡汪法國舊居

因蔡孑民先生之逝，而思及一事。

二次革命失敗後，黨人多有亡命歐洲者，孑民先生即於是時攜眷赴法，汪逆精衛夫婦不久亦至，兩家同住於土魯斯。土魯斯為法國南部一名城，鄰近西班牙，為南歐一勝地，蔡、汪兩家合租一屋，熙熙然甚相得也，未幾歐戰起，四年而歐戰平，蔡、汪先後回國，屋既還主，事亦遂淡漠矣。

民國十四五年間，有留法學生某，自馬賽移居土魯斯，擇屋而得蔡、汪此舊居，遇一法國老媼，出簽名冊示客曰：「此吾家舊日客也。」視之則為蔡、汪之名，某生因告以兩人今方因政治主張之歧異，而各走極端（其時汪正當令廣州，而開除西山會議諸人黨籍，蔡亦被牽入內），某媼為之銳聲長歎，謂兩家昔日何其交好，今日又何其不念舊誼也？因大述蔡、汪同居時之軼事，而結論則曰：「麥歇汪與麥歇蔡雖凶終隙末，兩家馬丹或不爾爾乎？」某生無語可答，唯唯而退。

宋樂陵

故將軍宋樂陵（哲元）主政北都時，周旋強敵，堅柔並用，雖不免微眚，而終保大體。神聖抗戰之第一槍發於二十九軍，後世史家之記載，宋亦與有榮也。當時北平流傳一聯：「北方佳人，遺世而獨立；東鄰處子，窺臣者三年。」切人、切地、切姓、切事，蓋無一字不切合也。此聯實出友人聶鈞手筆，不知者以為是楊雲史作，雲史時亦在平。

三〈謝本師〉

章太炎初為俞曲園弟子，後既向心革命，對學術之認識亦一變，遂作〈謝本師〉之文，否認此一重師弟關係，文載《章氏文鈔》中，譎麗可誦。

周樹人、作人旅東京時，從太炎學古文，崇拜先生甚至，作人以古文譯歐人名作甚多，即係受太炎之影響，後雖參加陳（獨秀）、胡（適之）文學革命之壁營，漸與其師異趣，然師生之誼未絕也。迨太炎依附孫傳芳，投壺復古，作人乃仿太炎謝俞氏之例，亦作〈謝本師〉文，載《語絲》週刊，大詆太炎。

抗戰發動以後，北平群鬼幢幢，作人亦被累於日婦，不能自襮其清白，輿論甚不恕之，於是北大某生嘗從作人習文藝者，亦作〈謝本師〉之文，以作人施於太炎者施之作人焉。

四十年間，讀此師生三代之〈謝本師〉文，佛說「不可說」「不可說」，吾惟深歎中國文人之脆薄易折而已。

韻兄韻弟

南京流傳一笑話，謂汪逆與梁逆鴻志、王逆志敏及武漢偽組織之張逆（忘其名，張之洞猶子）同席談話時，梁逆忽笑而言曰：「我們都是韻兄韻弟，實在不必自外。」蓋謂汪、梁、王、張四姓，在韻目中同屬「七陽」也。

此如陳逆群面告汪逆：「我是前漢，你是後漢。」皆不必真有此語，而漢奸之聲口德賴已如畫矣。

黃栗村

髯翁院長，舊有茅屋在南京東郊黃栗村，陸一新詞所謂「黃栗晚煙虛，村外京衢」者是也。其地去湯山甚近，滿植松楸，別成一境，髯翁暇日輒以輕車載少年數人，來此習草書，「標準草書」之說蓋大成於是。或謂廬當有名，髯翁曰：「名敦煌草廬如何？」既而又悔之曰：「敦煌火光熊熊，得毋燒我松樹也。」乃名之曰：「白花草廬」。村人時時結隊來窺，不知何為草廬，但呼為「寫字學堂」，亦不知何為院長，見髯翁來，輒相呼告曰：「老頭子又來上課矣！」雅致可想也。然而今已蕩然！

胡琴名手吳承仕

吳檢齋先生承仕，被擄不屈，為敵所戕，死狀至慘。國府有令褒揚，重慶朝野近方以砥厲氣節相尚，報紙不絕於書，檢齋殆如獻身為其實例者，甚可思也。

檢齋為吾皖歙縣人，太炎弟子，而晚年學術之論好抵其師，以是章門之蹤跡頗疏。久居平，有宅甚美，益留戀不忍去。黃侃死後，中央大學聘其繼主國學系，謝不肯來。抗戰以後，北平諸教授多微服南下，檢齋一度遁津，既而復返平蟄居。寇欲得之久矣，檢齋終不屈，遂遇害。

檢齋聲韻之學至精，生活於故紙堆中數十年而思想甚新，在北平頗為若干青年所擁戴，餘事能歌，尤善操胡琴，陳彥衡等盛稱之。

鰣魚貢

戰前，政府在南京，侈食之風已甚盛，第以較今日，尚為小巫。譚組庵先生以六十元之宴席祭清道人，被邀赴牛首山李祠食此「鬼餕」者凡十二人，當時已甚驚其豪，在今日只家常便飯耳。夫子廟六華春酒家，於鰣魚甫上市時，重價得三尾，為某顯貴之庖人所知，疾以每尾八金之轉價購去，其後年以為例，某顯貴在南京全市市民中，遂巍然為食鰣魚之第一人，時號「鰣魚貢」。實則三尾之魚不過二十四金，何足當今日重慶老饕之一盼哉！

留德老學生

民國六年，北京政府對德宣戰，此事為中山老生所極端反對者，已有人徵集史獻，詳述其經過。惟當時同持反對之議，尚有馬君武、蔣百里等，或問蔣：「君學於德甚久，或不免阿私所好乎？」蔣怫然曰：「君疑我為留德學生，故袒德，然則段祺瑞亦留德學生，何以堅持戰德？」蓋祺瑞於畢業北洋武備學堂後，曾與蔭昌同赴德習軍事學，顧始終不能操德語，而其性格多少受到德國軍人氣氛之薰陶，剛而近愎，此或其唯一之成績也。

段祺瑞之參戰政策，幕後有日人操縱，此自為世所周知，當時政論家如梁任公輩，日以參戰有利之論噪於段前，頗足加強段之決心。歐戰停後，任公摯蔣百里等同赴歐，遊舊戰場，任公權衡得失，頗悔昔論，其為上海《大中華》雜誌所寫諸文，語氣遂一變也。

蔭午樓與瓦德西

昨記段芝泉為留德學生事，兼及蔭午樓（昌），此人雖滿人，而當時生活一切已頗漢化。歸國後未久，值庚子事起，八國聯軍破北京，李鴻章與奕劻奉命與聯軍統師瓦德西議和，即由蔭任舌人。瓦德西甚注意蔭氏，謂蔭德語甚精，蔭事後語人，則曰：「瓦德西有多少話，我未告訴傅相。」蓋瓦以戰勝者自居，甚驕恣也。

《孽海花》說部渲染賽金花與瓦德西事過度，而其誇張瓦德西之「英挺」尤為不經，聯軍破北京日，瓦已六十八歲，假定賽金花與瓦在德國目成為事實，是時已為五六十歲老人，去《孽海花》中輕盈之描寫固甚遠矣。蔭午樓每舉其事笑稗官家之善於附會。

入民國後，蔭氏以生活形式早已漢化，為「民國官」乃若駕輕就熟。袁、黎、馮、徐諸人任總統時，蔭連任所謂公府侍從武官長，歷事數主，避不捲入政治旋渦，時以鬱荼神壘譏之。其人貌似庸俗，而實巧黠，亦頗擅辭令云。

近視眼

歐陽永叔為揚州平山堂之建造者，曾以小詞寫其地，有句曰「平山欄檻倚晴空，山色有無中」，此世所知也。

惟《詞苑》罵之，謂自平山堂望江南山近接几席，何云「有無中」，殆歐公病短視乎？其實此為古代詩人通病，蓋不講邏輯，不講體驗，詩境不但與實境大殊，且往往恰相反，罵永叔先生為近視眼，而古代千百詩人能免於近視眼之譏者無人矣。

吾於近代詩人中，是以最佩陳散原先生，散原先生晚年，窮理格物及於最纖微之事：嘗取一病蠅置案上，徐觀其動狀，久久不倦，此種實驗精神至為難得。陳先生詩雖作哲談，亦不反科學，實為詩人之真正修養，值得吾人之師法也。

以會議訓練雄辯

我國今日「會議」多，談者每以為病，其實「會議」多，不足為病，要當視其內容如何。雄辯，為希臘文化特色之一，原因即由於「會議」多，雄辯大師蘇格拉底有名言曰：「在多人之前，吾舌尤健。」蓋當時學術之會，辯論多且烈，辯者但須嚴守邏輯之立場，其所享有之言論自由頗為寬泛，故造成此一風氣也。

以會議訓練雄辯，其責任非今日一般但知計較行政人事瑣碎之會議所得而擔負了，要當多人學術會議之提倡，而「會議」名詞之本源實應帶有若干的雄辯之氣質；若夫一味「抹煞雄辯，獎勵唯諾」，實為對會議精神之最大傷害也！

出版家張靜江

張靜江者，可為「出版家」而不幸以「政人」及「豪貴」著。「出版家」非人人所能為也，第一條件為「氣魄」，張氏頗近之。清末，張氏隨孫寶琦使德、法，在巴黎斥資辦一大規模之書報，名《世界》，名義上之編輯人為其姚夫人，實際負責編纂者為蔡孑民、吳稚暉、李石曾諸先生。

《世界》為一大型畫刊，精印銅圖凡數百，厚約二百佩支。規廓之雄、氣魄之大，在中國人自為之畫報史中確然為第一位，後之操觚者無以易也。

惜關於祖國實事之圖畫多採自外籍，如刑場殺頭、表演纏足等寫真，若干頑固傳教士執以為中國民族文化落後之鐵證者，在《世界》亦皆以大幅畫刊出，雖曰暴露為改革之根，而目擊者不能不心傷矣。

《世界》僅出二期，無疾而終。

國際神話

中南歐局勢無日不在激烈之動盪中，萊因、多瑙兩河流盡無限興亡，而在萊因河之南端有一小獨立國，獨能置身於慘酷之現實鬥爭以外，窮辱無驚，若不知世變之方亟者，誠二十世紀之國際神話也。

其國名列支敦士登，界於奧地利與瑞士之間，面積僅一百六十六方公里。其封疆在吾人之袖珍地圖中實無繪出之資格，惟一般地圖作家為尊重此藐小之獨立國起見，不得不慷慨給予五倍之地位，始勉強標出其國境所在，於是奧地利與瑞士在地圖中不免各損失數百里之土地。說者謂世界有唯一不用武力而能「侵略」他國獲得成功者，即列支敦士登是也。

其國為一最理想之無軍備的國家，人口萬餘而僅有兵士一人，五年前，方盛傳此兵度其九十五歲之生辰，收得全國之賀電甚多，使此翁今猶健在，則不折不扣為一百歲矣。列支敦士登屬日爾曼種，在高唱大日爾曼主義之希特勒心目中，遲早終必收之版輿。倘將來真有此一事，希特勒揮其機械化部隊浩蕩東進，而遇此一百歲之老伯伯，奮舉其五十年前之後膛槍起而抵抗，豈非神話中之神話哉！

白髮

某諫官向於其行輩中為最少，有友與遇於道，見其發種種，驚問之，某取唐賈言忠《監察本草》中語答曰：「服之心憂，多驚悸，生白髮。」大笑而別。

某君於北府為青年外相，此次來渝，給人之第一印象為「蒼頭軍之特起」，王禮錫詩「誰能海外安乳酪，一莖已白少年頭」，可持贈也。

東坡詩「人見白髮憂，我見白髮喜。多少少年人，不見白髮死」，有參與某盛會而數諸公之鬢者，歸後向人朗誦此詩，以為「國瑞」。

譚壯飛被害五十年

清光緒二十四年（一八九八）戊戌政變，六君子死，去今恰為五十年。

六君子中，晉人占其一（楊深秀），閩人占其一（林旭），蜀人占其二（楊銳、劉光第），湘人占其一（譚嗣同），粵人占其一（康廣仁）。中以廣仁死於株連，對簿時屢呼冤，其品最下，他五人皆從容談笑而赴柴市口就刑，不失其殉道者之風度，而吾尤敬愛壯飛。

壯飛之胸襟、抱負、才氣、膽略、品質，求之歷史上殆不易得似者。人僅盛稱其與大刀王五締交一事，而不知其本身即為第一等之大俠。吾十餘歲時讀《仁學》，至「志士仁人求為陳涉、楊玄感，以供聖人之驅除，死無恨焉。若機無可乘，則莫若為任俠，亦足以伸民氣，倡勇敢之風」諸語，輒感激下淚。其時去壯飛遇害已三十年，民國建造且十年矣，史境大異而猶能中吾如此，則「俠烈」之氣有以致之也（原文「聖人」一語，絕非指載湉、康有為，其語句甚明，康其梁之歪曲解釋，實低視壯飛）。

壯飛小詩散札流傳不多，其「淮水姓秦山姓蔣，前朝寸土未曾亡」一詩，可代表其全部之文藝作品。

最早之軍事學校

苻堅作「教武堂」於渭城，似為國史上最早之軍事學校，手邊無史冊可考，不能詳知其組織。然其有一特點，使太學生教諸將以陰陽兵法，則頗有類於今日各軍事學校之「文人教官」也。

朱彤（氏之秘書監）諫之，謂教人以戰鬥之術，非所以致太平，且諸將百戰之余，何患不習兵？而更使受教於書生，非所以強其志氣也。

使書生於《兵經》中尋章摘句，為遠離經驗之談，自非軍學教育之正軌，然而所謂軍事學實包括於「武學」之更大宇宙中，諸將於疆埸經驗之外，尚須為多方面之學習，朱彤之言亦未見其是也。

僕御

國府明令節制渝市人力，乘坐車轎皆有所限，此事似奇而正。重慶現時萬戶齊集，非此亦無以疏淪而善用之也。

後魏時亦有相同現象，齊州刺史韓麒麟對於人力集中京師而不能善用，曾有極痛切之指陳，謂：「京師民庶不田者多，遊食之口三分居二，豐稔積年，矜誇成俗。富貴之家，童妾丫服；工商之族，僕隸玉食。」雖僅就其奢用而言，而富家濫收僕御，漫無限制，使四野田民減弱，耕事荒衰，實含有極嚴重之人力濫費問題，吾人亦可就此寥寥數語聯想而得。

關於如何限制公私廨舍濫收僕御一點，國府既授權市府另訂辦法，吾願市府特別注意及之。

假鈔票

僑美之義大利人善於造假鈔票，美國之紙幣發行機關日夕設計與之為戰，雙方皆為「極藝術之鬥爭」。然而無論古今中外，欲杜絕偽鈔之路，惟有不吝成本，使鈔票本身成為最上之精製品，則其理一也。

齊建元末，齊太祖欲鑄錢，孔顗上書，謂：「鑄錢之弊在輕重屢變，重錢患難用而難用為累輕，輕錢患盜鑄而盜鑄為禍深。民所以盜鑄，嚴法不能禁者，由上惜銅愛工，不詳慮其為患也。漢興，鑄輕錢，巧偽者多，及鑄五銖，民計其實不能相償，盜鑄遂少，此不惜銅、不愛工之效也。」

其所論者雖為實幣，而一切貨幣之防假戰皆可引用此一成理也。

糝雜

史家謂三國時代人心最譎，劉玄德號稱明主，而臨終語諸葛亮乃曰：「小子可輔則輔，如不可輔則先生自為之。」對諸葛且至死不忘猜詐，他可知也。

又如當時財法，曾一度以穀絹代錢，而民間多競以濕穀薄絹為市，嚴刑不能禁。蓋大亂時人心浮動，巧偽成為常態生活，衛道家或以此為「世道」之憂，戰爭心理學家則認此為戰時所必不可免之現象。所謂「羅馬機智」之發達為戰爭的效果之一，亦此意也。

七歲上校

法國波旁王朝之失政，至路易十五而極。其軍爵之濫，在歷史上留一驚人之統計，即每一百五十七名士兵中有一「將軍」。「職方賤如狗，都督滿街走」，我國明季之童謠正可移贈。

此輩「將軍」多有畢生未見過戰場者，曾否沃受相當之軍事訓練亦無人考核，但須有貴族之血統，即可佩軍綬、著馬靴，稱「軍人」矣。糜爛之極，七歲小兒亦稱「上校」，傭保相告語曰：「此上校之牛乳瓶也。」讀法國史至此，輒發一大噱。

以如此腐朽之軍事組織而支援歷史上著名之七年戰爭，不可謂非奇跡。

王莽夫人之褲

王巨君（莽）以黠進而以蠢敗，說者以為「文人篡國」，未有能持久者也。莽初進時，飾名甚烈，至使其妻以短裳敝褲出與公卿列侯夫人交接，當時頗震驚流俗。王夫人之一褲，有助於其夫之政治營運者至大。究之，與近代國際某名人太太之破襪，同為歷史上之騙局，不旋踵即拆穿矣。

談史者每以此嘲莽，其實，飾偽為通常之政治心術，莽究竟為蠢文人，做作過甚，故成笑柄。蠢文人無實力足以自固其政權，以偽進身，乃欲以偽治天下，王莽之日以祝禳、厭勝為事，實為最可悲之失敗心理。

新莽門

袁世凱既為總統，復謀稱帝，欲網羅全國士俊為己助，至少求其不為梗，章太炎先生以此因緣，被徵入都。關於先生此一時期為表現氣節而佯狂放論之種種事實，談者已多。

相傳先生某日行過新華門，忽自拭其目，大聲讀曰：「新莽門！」同行者皆失色。終先生被羈北都之全期，不獲以文字打擊袁氏，然而「新莽門」一字的訛讀，嚴於斧鉞。力不在梁任公《異哉所謂國體問題者》之洋洋大文下也。

塚田攻

敵酋塚田攻墮機死。

日本軍人崇拜德意志之武學，其嚮往之誠與研習之專，有無可厚非者，如塚田攻即以精習第一次世界大戰之德國方面戰史著名。關於德軍一九一八年之塞姆河大反攻，即史家所稱之德軍最後攻擊，塚田曾搜集一切材料，輯為專書，僅斯帕德軍大本營之活動材料已搜集一厚冊。

戰後，塚田以三十餘歲之老青年，赴德問學於魯登道夫（時魯已由瑞典返國），執弟子禮甚恭。魯氏為高度之攻勢作戰論者，其用兵輕捷飄忽，舉重若輕，本非德國兵法之正宗，非大天才不能學，而日人多拘謹魯鈍，塚田亦未能例外，雖力學亦不易有得。塚田後為陸大校長，一時有販賣德國講義之譏。德、日同為好戰國家，然而德國能於典則之外產生天才，日本則只有典則而無天才，實不足並論也。

長城

自北平至青龍橋，車行約兩小時，漸見險惡雄峻之山嶺奔越而來，長城蜿蜒其上，有無限蒼涼之意。出居庸關山洞後，山勢益陡。抵青龍橋下車，遊客多以山兜上八達嶺，止於一巨堡前，然後攀登長城。一碉樓雄踞嶺端，為長城全線之最高處。

嚴關之側，有一察哈爾之老農（此處已為察境）牽一幼駝，裁數歲耳，枯立道旁，供人照相，人駝皆極憔悴。多有遊女攀登駝背，情人為攝影，表示其足跡已至塞外。隳簪遺珥之喜劇，遂鬆懈此奇麗雄壯之畫面。駝雖稚弱，似猶不甘此待遇，時作倔強狀，遊女有顛躓者。

自北平瞻禮長城有兩途，或至南口，或至八達嶺，南口之山勢尤險惡，特不若八達嶺之可以縱觀六合，故謂長城在南口之價值為「武功的」，長城在八達嶺之價值為「文化的」可也。

筆誤

或見某名宦手札頗有筆誤，遂嘩笑以為「不學」，此迂論也。精神飽滿之人，處萬變紛繁之境，豈復措意於此文字排比之細微末節？偶見筆誤，轉足以證明其胸襟與抱負之遠大，若以世界歷史之事實證之：

克倫威爾為英國近四世紀一大政治家，弒君如戮犬羊，尤以文采秀茂著稱，而自發文告曾有以「迫害」代「堅忍」之筆誤。

列寧頭腦細密，才氣充溢，其一九一四年所寫《歐洲與國際社會主義》一文，後由《真理報》根據原稿刊佈，發見列氏原稿頗有筆誤，如誤以法比社會主義者宣言為德國社會主義者宣言是也。

筆誤雖有悖於學者謹嚴之律，而吾深喜之，蓋惟有「有翅之天才」始敢下此勇敢之筆。曾國藩號稱名臣，究竟短視，觀其與子弟書中申詈筆誤，真迂闊可笑也。

一只蘋果

二百七十六年前，英國的一只蘋果墮於牛頓大師之前，遂產生引力之法則，而使科學的新世界換一嶄然之新局面。但此類蘋果，據牛頓傳記之報告，為值至賤，一辨士可得其四也。

今年為牛頓誕生三百年紀念，英國劍橋大學於連天炮火中，籌備為此千古卓絕之校友舉行一盛大之紀念式，然而德意志人方以「莫氏麵包籃」代替蘋果，投向此「學人之國」，以重複試驗萬有引力之大法則也！

牛頓晚年任英國造幣廠長，某年值其壽辰，廠工醵資製一「銀蘋果」贈之，牛氏得之大樂。然而製造牛氏此日「歷史雄者」的高崇地位之一只無名蘋果，已腐盡爛絕，無跡可求矣！

黨員必讀書

軍事學為專門學術，非盡人所能解。然而立國於今日之世界，國防第一，武備第一，軍事已成為現代人所必需之生活知識，兵書已漸常識化，吾人為被壓迫民族，為洗煉精神、養成戰鬥習慣計，殆尤不可不講此。

列寧曾發手令，以克勞塞維茨《戰爭論》等書列為彼黨黨員必讀書，是可師也。

破頭山

讀王夢湘先生所輯之《廬嶽集》，雖為舊體文藝而富有新生命。其境界之闊大、技巧之生新，非一般弄筆小生所能至。詩歌中雜植許多地名，如玉箸山也、茶山也、破頭山也，在持續四年之贛北戰局中，時時露其頭角。

吾猶記其有兩語曰：「一夜霜林千葉盡，斷腸秋色破頭山。」當時頗病其蕭颯，不意今亦為血華噴溢之地也！

吳佩孚之人物談

故吳佩孚上將嘗與予談康有為、章太炎事，時北平方有人為康氏舉行紀念會（民國二十六年夏事），吳亦遣人往致詞，故予以康、章與吳氏之關係為問，吳答曰：「皆好友也，兩人之性格甚相似，以年齡與時代之差，致成就不同。南海年較高，出較早，為保皇黨之魁率；太炎年較幼，才氣橫溢，非南海以下之空間所能容，遂激而入於革命。使兩人易地相處，南海可為太炎，太炎亦可為南海也。」予深異其言之別成邏輯，顧不欲辯，吳氏復慨然曰：「兩人逝後中國不復有文學之士，兩人弟子雖眾，乃無足承其業者。」予欲試探其對於新文學之見解，則挑之曰：「太炎有弟子周樹人筆名魯迅，文學優美，君嘗讀其書乎？」吳氏意頗恍惚，若不知其名者，索筆書「魯迅」兩字示之，吳益茫然，既乃自掩曰：「我不讀民國以來書也！」

爪哇大操

一九三四年春，美國海軍全艦隊以爪哇為中心而舉行之海戰大演習，給予日本之刺激最大，當時東京《日日新聞》以專論紀之，且詬之為權謀術數主義之再演。此為美國海軍於兩洋作戰觀念成熟後，表現其決策之始，故「東日」又詈之曰：「此無異卷起了袖子在日本的大門前挑戰也。」

美海軍此次之大操凡九十七日始畢，第一步為爪哇海之攻防演習，第二步為假定爪哇不守，則對於自爪哇海向桑泊托洛與桑特哥間之海面東進之敵艦隊將如何實施阻撓作戰之演習。日人百計覓取此次演習之精密情報而不可得，但臆斷之曰：「美海軍似已獲得一公算，即守勢軍之失敗是也。」

在敵襲爪哇戰火熾旺之時，吾人回述此事，不能不扼腕歎息於美國應戰實施發動之遲，雖有良策而時間坐失也。

吉青納與非洲

第一次世界大戰時，英法並肩作戰，歐陸之統帥權握於霞飛手，英陸軍大臣吉青納因此拒絕赴歐陸策劃，蓋不欲受霞飛之節制也。其後因輿論壓迫，勉強乘艦赴俄而溺死中道，詳情迄無公報，或曰德國潛水艇殺之也。

以感情言，吉青納本非法人所喜之人物。當英法爭奪埃及蘇丹時，吉青納曾以軍入法營，拔其旗，迫成所謂「法所達事件」，法國史家稱此為「吉青納之挑釁」。在第一次世界大戰發生以前，英法間存在之若干矛盾迄未消除，吉青納之頑強不受霞飛節制，特其心情流露之一端而已。

其後之南阿戰役，亦吉青納為參謀長，故檢視吉氏一生之成功史，大半係以非洲人之血所書成者。

隆美爾兵團

北非埃及戰爭始於一九四〇年九月，最初為義大利軍格拉齊阿尼元帥之獲勝，率戰敗之英軍以向東撤退者為魏菲爾將軍。三個月後，魏菲爾將軍之反攻開始，一舉而摧毀義大利之精銳第十軍，俘其司令官柏宮朝裡將軍，於是格拉齊阿尼元帥以慘敗之責任者被召回國。

其後即為德意軍事當局計畫反攻之階段，隆美爾將軍之非洲兵團即於此時出現。隆美爾事先曾以一切可能之科學方法訓練此種特殊作戰之兵團，每一員兵均須受若干時日之「溫室煎熬訓練」，四十八小時內僅許飲水半樽，以期能適應非洲之氣候，且一切作戰法則立於輕裝作戰之原則下，使機械化兵團之運用更見巧妙而靈捷。

故自一九四一年三月隆美爾兵團在北非開始行動後，英軍顯然又處於劣運。其間因英軍當局曾遷移兵力於東非及希臘戰場，更為戰略上之失算。一九四一——四二兩年之大部分時間，北非戰場優勢重複握於軸心國之手中。

直至本年十月亞歷山大將軍之再度反攻開始，以空軍協同致效，擊敗隆美爾，而將其兵團實力消滅大部，今後無論北非戰局轉變如何，德國之最高指揮當局已難能支援隆美爾繼續作戰。隆美爾此種特殊兵團之損失，倉卒間亦無法為相同素質之補充，可證明軸心國在北非恢復其原態勢之不可能，隆美爾之軍事生命亦從此絕矣。

總理陵堂

山齋夜坐，出篋中積件，得總理陵堂之繪帖一。此聖地失瞻者已五年，乍一捧視，眼明心顫，不能自已，收京之期益近，面對此帖，亦覺其距離之益近也。

陵堂建築高華俊朗，昔在京師，以時時接近，未有何異感，此次展視，忽覺其建築形式表現之氣韻尚有未足。

個人常有一偏見，以為歐洲中古之建築，最富於「虔敬感」與「輕快感」者莫如哥特式。以其屋尖向上，聚若干屋尖成簇，配以畫墉及金色牖，繁複壯麗，最富於「宗教」之感情（使吾人對先哲之懷慕，垂於無盡）。當年建築總理陵堂倘採用此式，吾信其必能表現一種虔誠之氣韻，不知亦有與吾同感者否也。

亞爾薩斯洛林

希特勒戰勝法國，雖尚未訂和約，而事實上已將亞爾薩斯、洛林兩州收入版圖，近年以來不斷聞德人自兩州排逐法人，希特勒統治「征服地帶之人民」，其方法之殘酷，遠過於威廉一世時代。吾人昔讀都德之《最後一課》，尚能從其淒情哀惋之描寫中意會到一種平和交割之靜穆氣氛，被征服者猶可保有相當自由。使在希特勒，則斬刈排逐唯恐不盡，斷不能如是寬弛也。

亞洛兩州究應誰屬，德乎？法乎？莫能繼語。自查爾曼大帝之分封歷史言之，似應屬德，然世界中從無永恆不變之「地理國境」，就民族條件言之，兩州之人民以法籍為多，法國文化之滋育其地者力度皆遠過於德，使投票而決之，兩州亦必為法有，德不能爭也。

希特勒固深知此點，故於其佔領期間，儘量利用政治力量迫走法人，將以一時之暴力，變易此由於數百年歷史積累而成之事實，使法蘭西人之亞、洛兩州變為日爾曼人的亞、洛兩州，其計亦毒矣。

斗門橋

某君新自南京潛蹤來，語予：「倭人正以種種方法為南京易容，北區多東洋風之建築，鴨蛋式之紙燈尤為一時風尚。日本有若干小趣味之事物，為吾人平日所喜，承認其有欣賞上之價值者，此時充斥南京，一見即令人生『文化主奴易位』之感。惟東城、西城一帶，仍保持百分之百的民族色彩，斗門橋已成為此區域重心，新開一樂肆，懸舊式廳堂之六角燈，以三五樂人吹鎖吶、打鼓為慶，不知何故，使人感味一種親切，幾至於下淚。」云云。

斗門橋之影像，遂若霍然出現於眼前。

此橋在歷史上曾擔負一大恥辱，南唐李後主即迎降曹彬於此。予昔在京，家居西區，晨夕行經，每對之而揮發歷史的感情，如見後主當日青衣小帽過橋光景。然後主之亡，不過為一王朝之奴僕，非淪於外敵，猶非甚辱。千年後更目擊汪兆銘輩之膝行，則此橋之大不幸也！

十月十日與武昌

自民國有史以來，武昌曾遭遇兩件大事，一為辛亥武昌起義、一為民國十五年北伐軍攻克武昌之戰役，在革命史上各成一重要之階段，而緯算其月日皆為十月十日。

民國十五年，奉化統軍北伐，迅速出湘循鐵路線與吳佩孚軍進行汀泗橋會戰，一舉而破其主力，再進行紙坊會戰，並其殘部悉予廓清。吳乃以武昌守城之任付劉玉春，已則率參謀輿衛匆匆北去。玉春為吳部第一悍將，憑城拒守，對方為北伐軍精銳之第四軍，竟屢攻不下，自九月一日攻至十月十日始破城入。江夏之局定，奉化遂移劍東指，展開對孫傳芳作戰之新頁矣。

梁任公之官生活

梁任公先生在民八遊歐以前，勇於議政，為一對於政治生活極有興趣之人，然其個人之從政歷史則極短促。前清時，以舉人隨康有為後論事，得光緒帝之信任，僅獲六品虛銜而止，尚不能如譚嗣同、楊銳等之晉為軍機章京（彼時之軍機章京，地位大約如今日之行政院參事）。宣統三年，袁世凱組閣，曾使人赴日本徵梁氏返京，將以為學部副大臣（大臣為唐景崇），梁氏力辭。直至民國成立之第二年，熊希齡組閣，梁始出為司法總長，包辦熊閣之一切重要文告。且書生從政，結習未除，趕撰法規，一一公表，故熊閣一時有「條例內閣」之稱，而事實上固無一事能辦通也。熊閣倒，梁亦去。民國六年，乃以馬廠起義功，參加段祺瑞內閣，任財政總長，為段氏取「火中之栗」，所謂「西原借款」，經任公之手以簽約者前後達二千餘萬元，時論頗不之諒。梁氏乃具狀堅詞請去，中有語曰「神明內疚，清議外慚」，蓋深有悔心矣。

經此兩度試驗，梁氏痛感官僚生活之為非人生活，民八遊歐歸國後，遂絕口不談政治。他人從政，多起自下吏，敘其官歷必有一連串不同之官銜，而任公無之，其畢生之官僚歷史，僅此兩個總長及幣制局總裁而已。

十月十九日

德軍方以全力猛撲中路俄軍，圖一舉而攻下莫斯科，好演古裝劇之希特勒有一幻想，似欲於十月十九日在莫京舉行入城式，蓋一百二十九年以前之拿破崙，係於是日退出莫斯科而開始其慘敗之運命也。

關於拿破崙退出莫斯科之確期，歷史之記載不一，海斯之《近代歐洲政治社會史》謂十月廿二日，而其他書籍多種則證明係為十月十九日。克魯葸柯夫之偉大的將軍敘述俄軍總司令庫圖佐夫之反攻開始於十月十八日，拿破崙即於次日撤退其最後守備莫斯科之部隊。故比較兩說，自以十九日一說為可信。

拿翁係於九月十六日佔領莫斯科，而於十月十九日放棄，歷史上有名之三十三天，包含一無可計數之重大損失。一百年前之戰學家，承認其為有史以來之最大的軍事悲劇。相傳拿翁敗退至威爾諾後，接見當時由法京來迓之外交大臣馬列，其答覆馬列之第一語為「我的軍隊完了」！

同時有一故事，謂拿翁征俄，曾隨載本人一大理石像，擬植於聖彼德堡之上議院中。而拿翁之軍事勝利，僅以莫斯科之佔領為止，迄未能分兵至聖彼德堡，石像雜置倉庫中無人注意，迨拿翁倉皇退師，石像反成為俄軍之虜獲品，可見其狼狽矣。

長隨

昔有部長，頗寵其近侍，欲畀以末職而未遑，此人急不能待，則自刻名片，書其自撰之頭銜曰「某某部長隨員」，竟挾以登門拜客。一秘書惡其橫也，取原片塗去「某某部」三字及最下之一「員」字，擲還之，則乃是「長隨」二字也，此人喪氣而退。

慳吝部

英文「經濟」一字兼含「慳吝」一解，曩有旅外僑胞見西字報紙謂國府增設「經濟部」事，則以國語嘩而告於人曰：「政府又添一慳吝部矣！」聞者皆大笑。

慳吝自非美詞，然時至今日，如何珍視國力而善為劑其盈虛，吾甚願經濟部之能不自忘其為慳吝部也。

海斯勒

希特勒於戰勝法國，康邊受降以後，發表廣播演說，侈陳戰功，謂世人皆疑我採用史蒂芬計畫，遵循一九一四年路線，為右翼之強大迂迴，而不知適得其反，我所採用乃為與史蒂芬相反之計畫，即集中全力於左翼之右側翼，突破龍威，佔領色當，然後向北逆進，達成佛蘭特斯之包圍戰果。英法惟誤信我為遵循一九一四年往轍，故以全力向我右翼尋求決戰，而不意我已躡其後矣，英法兩百萬大軍之坐困比利時境，職是故也！（大意如此，非希氏原文。）

此雖希氏躊躇滿志之言，而其在戰略上之成功，實為不辯之事實，然希氏此種計畫，亦有師承。一九一四年大戰初期，德軍將領奉史蒂芬計畫為西線作戰原則，惟海斯勒大將反對之，此老為唯一不信任史蒂芬計畫之人。彼主張一出手即由盧森堡突龍威，越過凡爾登而向巴黎尋求主正面決戰，彼不信史蒂芬計畫在既已公開之後猶能具有誘敵之作用。希特勒似頗受此老之影響，惟海斯勒只知利用空襲以尋求主正面決戰，不脫前期戰略思想之窠臼，希特勒之運用則更為狡猾（攻入龍威後並不西進而向北逆進）。

雜談蘇和尚

曼殊所編《漢英三昧集》頗有聲於譯國，至今尚有偽版流行，此書之發行人為東辟，即居覺生院長也。

曼殊病逝之前一年，住上海霞飛路某醫院，侍應甚惡，曼殊苦之，奉化時住新民里十一號，知其事，命陳果夫先生迎之同居，凡數月，始移海寧醫院。曼殊致程演生先生書，謂「居蔣寓頗安」云（果夫先生之《曼殊大師軼事》有同樣記載）。

于右任、戴季陶兩院長與曼殊交接少晚，然于氏《獨樹齋筆記》記曼殊曲院中事，語含調謔，似甚相習。

黨國五院長中，識曼殊而重曼殊者，徵之文獻已得其四，或曰倘曼殊今猶未死，則當如何？我不能答，惟合十唔唔而已！

見佛像而思抗戰

瞻禮一蘭若，見釋迦牟尼趺坐之像，氣態之美，不可言狀。因思歷史對於此割肉餵鷹之百世大傑，誇說其堅忍、安詳、定慧、苦修、嚴肅諸德，一一皆如為我戰時國家寫照，謂釋迦牟尼即「抗戰中國」之象徵可也。

禮釋像出，心中頗生歡喜之念，此稱氣分，如示人以樂觀之前途。佛非消極愁慘之宗教，不辯自明。僅觀其一二詞語，如「禪悅」、「法喜」云云，亦若充滿一種生機之愉快也。

汽車病

世固有具兩足而不能行路，雖百步之遙亦必借助於汽車者，據醫生言，此種人最易患兩種疾病，一為膝骨發軟，過度冷熱之刺激便成局部痲痹之症。如某翁昔在京所患，偃臥數月不能起，中西醫之術皆窮，後獲某針醫之一灸而愈。問其得病之由，則老猶強學少年，入冷水池試浴，一噤遂痺也。

又一種疾病為肛門部分腫毒，中醫目為髒毒，與痔大異。陳果夫氏曾患之，於《醫政漫談》中自述經過甚詳，謂開刀結果取出一種石灰狀物，彼乃慨然曰：「吾何為有是疾，醫生不能言也。若依吾之研究，蓋由於肛門短毛相擦，如非久坐汽車，或不致此，故此病又可名曰『汽車病』也。」

陳氏出語之風趣如此。

德國通蔣百里

故軍學家蔣百里先生，以善寫時論為社會人士所敬愛，其文見解堅實而筆調軟美，為最理想之「報紙文字」，今雖有學之者而不能及其什一也。時人好用「政略」「戰略」諸名詞，如「政略不能指導戰略」、「戰略不服從政略」云云，幾成為一「組詞之公式」。首於報紙用此語者，實為百里先生。十年前，先生所寫《歐戰之大要及德國失敗之原因》，充滿此種語彙。

百里先生精於觀察德國，當一九一四年大戰開始，德軍之勢甚盛，於瑪律納會戰後，遽將第六軍團東調，先生拍案歎息，以為敗兆。先生之意，謂德軍當傾全力於爭取西線之勝利，不應兼顧東線，必要時寧可揮發壯士斷腕之精神，暫時犧牲東線，此解最為精闢。今希特勒於西線勝利鞏固以後，始移師東指，似頗懲於前次。

第二次歐戰中，希特勒之三大軍事行動（攻荷比法、攻巴爾幹、攻蘇聯），其經過之迂迴曲折本有跡象可尋，使百里先生猶健在，必有極精密之分析與判斷，足以供給吾人，惜哉此老軍人竟以先一年死也。

倫敦苦霧歌

讀黃公度〈倫敦苦霧歌〉，其第一語曰：「蒼天當死黃天立！」拔空而起，筆氣雄絕，梁任公激賞之，以為非親至倫敦見其霧景者，不能理解其寫實價值。

不必「霧倫敦」，「霧重慶」即有此境感。公度詩人筆大如椽，詩多書寫海國風景，惜其生前未嘗來遊西南一帶，不能留其抉天心、探地肺之名句，長為此雄闊之西南生色。

公度名遵憲，在清政府末季曾為第一任之駐德使節，為德皇威廉二世所拒，不獲抵任，即移任內官（長寶鹽法道）。威廉拒斥之理由，謂其在新嘉坡總領事任次曾以債案被土人控訴，其實此事公度反訴已勝，非其罪也。

當代寫作舊詩者各依門戶，惟公度之一派霸氣縱操，不易學，亦無愛好而學之者，獨亡友王陸一摹其體，甚有似處云。

惟能敗者能勝

在美國獨立戰爭前期，華盛頓統十三州之兵以與英國強大之雇傭兵作戰，每戰輒敗，紐約等重要口岸淪陷，而華氏愈敗愈勇，且深切瞭解兵法「避其鋭進，擊其惰歸」之旨，一年以後，乃於薩刺拓加獲得一轉變之勝利，美國獨立之局遂定。

在所謂七年戰爭中，斐特烈有一時期命運最為黯淡，困守於西里西亞，僅求自保，而俄羅斯方以大兵壓境，侍臣告斐特烈曰：「大王，無望矣！」斐特烈毅然曰：「待之，吾終必勝！」果也，後期戰爭普軍終踏入勝境，呼伯都斯堡條約之締定，斐特烈遂滿載而歸。

亞眠締約以前，拿破崙為一打敗戰之專家，尼羅河之敗使拿氏在國內名譽大受打擊，然拿氏有堅強之勝利自信，其後種種之輝煌戰果，使世界之戰學史不得不闢出多頁之地位以容納之者，皆由此信心而來也。

惟能敗者能勝，故吾人深信麥克亞瑟必能為當代一名將。

西伯利亞在寇眼中

《真理報》因敵國報紙討論「大東亞經濟地帶」之中心圓徑問題而將西伯利亞包括在內，遂憤而為文斥之。

其實在敵國之「官書」內，類此之言論何止千百，彼且以官方之態度公然出之，從未考慮及於蘇聯方面之感想如何也。如本庄繁致南次郎書，關於對蘇部分，彼國「家弦戶誦」，認為是將來侵蘇得利的最起碼之目標，其說為佔領東北後，利用中東路攻入西伯利亞，直至上烏斯丁克，然後強迫蘇聯割讓列那河以東之領土，至白金海峽為止，換言之，即亞洲蘇聯差不多去了一半。本庄原函至此，以「愉快」之筆寫之曰：「列那河以東之大平原，擁有下貝加爾湖、鄂庫斯克、阿木爾，以及北庫頁島諸省，若更與滿蒙合計，則其面積已七倍於帝國本土」，「帝國得之，整個亞洲之統一與歐洲之征服，均不成問題。」

本庄此計畫作於「九一八」事變以前，彼時之世局大勢異於今日，而其聲口已如此矣！

匈奴

倫敦《標準晚報》駁林白之「黃禍」謬論，引德皇威廉第二「匈奴」之語，以證林白對於人類新歷史之無視。

威廉第二詈吾國人為「匈奴」，係一九〇〇年拳戰時事，見《瓦德西日記》（我國有王光祈譯本，中華書局出版）。瓦德西追敘德皇聞克林德被刺後，申申詈中國人為「匈奴」時之聲態，使四十年後之吾人見之猶起獰然之感。

威廉素狙詐，其送瓦德西之出師也，告之曰：「對於中國人，當力撻之至於伏地不起。」《瓦德西日記》直錄其語，惟王光祈譯本，以觸目傷心，似已刪去之矣。

「匈奴」何足為吾民族之代表？然而一千五百年前遠征多瑙河流域時之聲威，吾人固不得不承認之，當時之日爾曼人披髮遠走、鬼哭神嚎，此一歷史創痛固威廉輩之所百世不能忘者也，其申申詈「匈奴」也固宜！

東坡肉

自成都乘汽車至嘉定，過眉州，欲訪蘇氏父子之遺跡，渺不可得，惟匆匆間得知，其地豬肉已售七元一斤矣！

在九百年後，回思此一代詩哲之蘇東坡，其生前所為之詩，給予吾人以最深之印象者為何詩乎？吾以為當推其食豬肉一詩：「黃州好豬肉，價賤如糞土。富者不肯吃，貧者不解煮。慢著火，少著水，火候足時他自美。每日起來打一碗，飽得自家君莫愛。」此殆即為「東坡肉之ＡＢＣ」也。

九百年間，社會經濟之變動如此，人民生活之康樂與痛苦的成分比較又如此，世猶有紀念蘇東坡者乎？吾以為不如紀念東坡肉！

《黃禍》小說

族人某，於民國二年自滬至津，乘海舶，鄰艙為日人阪本彥，即曾為前期國民黨之顧問，以贊助中國革命運動自許者也。時時危坐甲板上觀書，族人就視之，則《黃禍》日文本。二十年後舉以語予，謂日人之用心不可測。

《黃禍》小說，即刺激德皇威廉二世而加強其對於東方人之反感者。書中情節甚無聊，大意謂有一華日混血之青年，說伊藤博文征歐，伊藤不納，逐之去，乃改投李鴻章之門，鴻章大感動，以北洋總督與軍機大臣讓與之，此青年遂使其所發明之科學武器數種，越海西進，初占歐陸，繼入英島，並組所謂「黃種虐殺軍」，重創歐洲人，受降而返。全書充滿新《封神榜》意識，為三十年前東方幻想家之傑作。書之結局歸功中國人，日人且甘為附庸，此恐非今日高唱「東亞共榮圈」者夢想所及也。

佐藤清勝之遷都論

製作《對美攻勢作戰私案》、《對美守勢作戰私案》之佐藤清勝，為敵國「弄筆」軍人中之自厭色彩最濃者。予嘗讀其作品數種，多矛盾語。如以「海戰為所謂帝國世界事業之蒂」、以「島國性為海軍之機元」，而又高唱日本人應擺脫島國性，求為「大陸人」以開創新歷史之說。彼之《滿蒙問題與大陸政策》一書，罵政府、罵國民，怨天恨地，以日本甘於島國性之桎梏為不當，甚至詬東京為「籠城」，跡其跳踉叫囂之目的，無非以整個吞噬中國為制就日本人為「大陸人」之基礎而已。

彼有一幻想，即使日本國都向大陸遷移，其計畫之第一步遷東京政府於朝鮮，第二步遷於「滿洲」，第三步遷何處，彼未言，以意測之，殆北京、南京乎？

佐藤因素持遷都大陸論，戰前對其本國之諸多建設皆表不滿，甚至架鐵路、裝電線、濬河川，彼皆以「不必要」一詞而否定之，其自厭程度之深，可想見矣！

棄婦葉恭綽

陷港之聞人中，葉遐庵（恭綽）最可念，北府舊官，惟此人差俊。數年前尚於坊間見一殘書，中載葉氏〈整理交通行政之建議〉一文，自題詩曰：「棄婦渾難忘米鹽。」蓋作此詩時，已下交通部長之台矣。「棄婦」二字，何等雋永。

舊交通係諸人，皆以污吏而精於文學，梁燕孫晚年所為札記（未發表），體裁似胡適之《藏暉室日札》而淵茂過之。關穎人（庚麟）有詩數千首，自成一體。惟皆不如遐庵，以遐庵後來之生活程度較富於布衣氣，能自洗其往跡，使人淡焉忘之，非關所能至也。

二十餘年前，葉在北府，建議設立學術院，網羅全國彥宿，閣議通過而財部慳不付款，遂擱淺。建議書為葉自撰，滿紙新語，有「文化中心」云云，摩登可想。

由馬車觀進化

重慶大道上，時見有馬車以「爬行」之姿態往來。車之製甚陋，不如貴陽之藤馬車遠甚，此或即平地馬車與山地馬車之別。

近來偶讀高爾斯華綏之《進化》，寫摩托時代來臨後之馬車沒落，纏綿淒惻，而與吾人之實感不同。將謂吾人此日之倡行馬車為「反進化」歟？猶之謂蘇聯抗戰期間，若干農莊重行採用舊工具為

「反進化」，吾知其必不然也。

然而，「進化」自有其嚴肅之解釋，吾終願此醜陋之重慶馬車，早日送入歷史物品陳列所去，換言之，即吾人必須盡全力爭取勝利，縮短吾人之苦難期間而能早日恢復「摩托交通」之享受也。

中校參謀

參謀素質不可不講求，有時關係於軍事之大失敗，今日以副官視參謀，而全然無視其應有之上級幕僚地位者，不可不知以下之一段史實。

一九一四年，德軍攻法之第一階段，即所謂「前瑪因河之役」，德軍之攻勢初甚猛，巴黎已近掌握，突以法第六軍之反攻而挫，退守愛因河線，形成以後長期之壕溝戰，論者多以此役歸功於霞飛之英斷。不知當時此第六軍之反攻，實處於極險之境，德第一軍最初雖受壓迫，而因援軍之迅速到達，事實上已將法第六軍反包圍，德軍之戰局優勢並未稍替，乃此時德軍大本營忽派一中校參謀來，各軍依其指示退守愛因河線，於是全域頓挫。

此中校參謀之意見，至今成為德軍戰史上之一公案，日人某則以德軍置大本營於盧森堡，不免偏側，致有此失。

社長

「社長」一名詞通用於若干文化事業機關，而源考其詞，實最先用於農村。去今約九百年之元世祖時代，曾試行一新穎而完密之農社制，限村農五十家合為一社，選社長一人為一社之最高技術指導，兼及全社之樂育文教諸事，其體制微近於今蘇聯之集體農場，特其政治之動機異亦非為「技術的合作」的，而後世史家已頌為數百年來農政之最善者矣。

報紙對當代要官，如各部長，多喜以簡詞稱之，如「宋外長」、「周內長」、「陳教長」等，但從未見稱社會部長谷正綱為「谷社長」者，豈以「社長」已為一般習見之名詞故不欲紊用歟？不知「社長」之一字，其對象在為歷史上農業中國之人民大眾謀福利，稱社會部長為「社長」，正富於現實之趣味也。

梁任公與德富蘇峰

偶讀德富蘇峰之《中國漫遊記》，為民國六年事，中述在北京與梁任公之會晤，情詞款洽，若有筋脈之可通者。任公時已有「中國之德富蘇峰」之稱，蘇峰則自謙曰：「實應呼我為『日本的梁啟超』也。」

以資望言，任公似猶稍弱，若以才氣與實學言，蘇峰豈任公之比？蘇峰早年文字頗為堅實而發揚民氣，叫號愛國，不失為論壇正價之文，然其人實無深學，及其髦也，文流於滑，日日為《雙宜莊漫言》刊於報紙，不知所云，對侵華及進攻英美諸問題，所發表之意見皆支離乖謬，而文字沉悶，不足引人，視數十年前之短簡警策若出二手。（《新民叢報》時代，任公為文屢引其語，動輒曰蘇峰生如何如何，頗極嚮往之誠。）

謂任公為「中國之德富蘇峰」固為貶損，謂蘇峰為「日本之梁啟超」，亦未見其似也。

王姓

客有談及北平偽組織群醜，姓王者多，因致異於敵人何以對王姓發生興趣。或戲答之曰：「君若曾一閱日本史，即知其故也。」

蓋日本古無文字，無教育，全恃漢學為之啟蒙，最早之文化乳姆為百濟人王仁（約在西元二八五年左右），所攜之第一法寶即為《論語》及鍾繇《千字文》。王仁父子仕於日本王朝，不僅竭盡其力以中國文化轉接輸與，且自剝其國籍而歸日本，在日本史上為一大功人，宜日人之念之不忘也。其後對於中國王陽明之哲學及王積翁之佛講，皆感受深刻之印象，特其餘波而已。

客聞此解答，為大笑，亦知其為戲也。

市詐

金融之事，多以詐相抵，顧亭林所謂「市詐」，其詞最可味。

秦檜當政時，以都下缺現錢，欲設計出之，一日呼鑷工鑷發，故畀以兩大錢而戒之曰：「日內將有旨禁用此錢，可趣以市物，勿自苦也。」鑷工出以告人，豪家驚疑，所積錢咸出。稗史家每舉此以美秦之智，使在今日，其智實不足以蒙下愚，蓋八百年前人心尚渾厚，此種簡易之詐術乃能生效。

八百年後，舊政府某總長欲以此法搖惑通貨市場，而遂其買空之利，不幸乃發生相反之效果，總長大負。將謂其智在秦君會之之下乎？非也！八百年來，人心益變，市詐之所以為市詐，其道已難言矣。

愛彌兒詹甯斯

納粹專政十年，彼國方舉行紀念。在吾人眼中，此非納粹專政十周年紀念也，實德國文化死亡之十周年紀念也。

即以電影之一小部門言之，十年前德國之烏發公司，其出品之曾搖撼震盪吾人者為如何？愛彌兒・詹甯斯，尤此中之健者，《藍天使》之藝術價值為永恆的。吾人此後觀影十年，尚未能於世界任何電影場地，發現較詹甯斯更為優越之性格演員，烏發公司之商標，在當時為電影藝術之最高保證，今也如何？戈培爾掠奪接辦後之烏發公司，已成為最惡劣之納粹傳聲筒，烏發第一天才導演馮斯騰堡及最佳之德國女演員瑪琳・黛德麗，皆避居美國而先後入美籍矣。

吾嘗有一感想，世界第一流之電影演員多為歐籍，如卓別林、考爾門、嘉寶、黛德麗皆是，顧終為黃金國家之美利堅所吸收同化，吾因之而益思愛彌兒・詹甯斯不置也。

古北口

古北口之堡壘被敵軍據為營舍，以警備我游擊騎士之奇襲，置炮墩，其口四向。此地為通蒙關塞之最重要者，納蘭容若〈古北口〉詞云：「一抹晚煙荒戍壘，半竿斜日舊荒城。」今日讀之，沉痛極矣。

其地在蘆戰前即劃為冀東特區，與祖國失聯繫者十年矣，七八年前，予在平，聞人談彼間居民之「半亡國」生活，不覺淚下，即以一詞記之：「堡上無人角不吹，城門半掩草猶緋，村兒結伴買饃歸。長憶香檳簽十字，劇憐絕塞剩孤旗，夢中夜夜有飛機。」

民二十一年，長城戰時，此地屢被敵機轟擊，故末句云云。「香檳簽十字」者，則《塘沽協定》劃此為雙方不駐兵區，而猶有一稅官張旗候估客於此，後復撤去，遂成無旗之國境。顧其後敵軍終違約侵入，及蘆戰作，敵軍之圍攻北平者，一部由此地來，固知嚴關失鑰非一日矣。

記上高會戰

民國三十年度，東戰場我軍曾對敵進行一重要之戰鬥，所獲戰果相當壯大，其戰鬥日程及一切附隨參考材料均交付陸大研究，而一般社會則不習知，即三十年三月之「上高會戰」是也。

是役，敵軍以六萬人來攻，其南昌第三飛行團且全部出動，血戰十日，始則為我軍所遏止，繼則為我軍所反擊，不得已回竄，殘存之數不足三分之一，園部和一郎以軍指揮官之身分，頗受彼國軍部誚責，其狼狽之狀，不下於第一次湘北敗戰時之岡村寧次也（園都曾任敵第七師團長，號稱「北地之熊」，原為敵軍部內定攻俄先鋒官之一）。

我軍當時應戰甚勇而迴旋巧捷，使作戰態勢迅速由內線變為外線，完全出於敵指揮官意料之外，迨部署完備，遂行果敢之包圍，敵已無可為矣。奉命援救困軍之敵第三飛行團遠愛少將，向敵大賀師團長投擲通信袋，為我軍所擄獲，信中充滿「仰望上天保佑」及「有賴於不可思議之堅持」等悲涼語句，敵情之屬於自爆者，其真實性尚有何疑？此書與第一次湘北會戰時之岡村退兵令，均不失為有價值之文獻，願負責編輯戰史者共注意而輯存之也。

康同璧

某年，於杭州訪問康南海遺妾張阿翠，即西湖旁人女，郁達夫誤書其名為「阿金」者也。

往訪之目的，在尋取南海先生之生活史料，阿翠檢取若干紙裹出示，則皆舊報紙之剪存者，多數為南海關於蕉石鳴琴爭產之文件，無可觀。惟其室中懸南海一半身像，煦煦如嫗，幾令人忘卻此為四十年前縱橫一世之霸才。其旁更有一像，則南海長女康同璧與阿翠合影，同璧時年已四十餘，而阿翠新嫁南海，猶為二十許幼婦，像中同璧坐而阿翠立，若母女然，而不知其乃為倫序之倒置也。

同璧以父命嫁羅昌，少時留學美國哥侖比亞大學。梁任公曾作詩，讚其為中國女子遊印度之第一人。貌寢而淵於學。當戊戌政變失敗後，北廷舊官多恨康梁，遂誣任公與同璧有染，後且有人取任公之情詩四十首為證，不知任公此詩乃寫其女記室某，與同璧無涉也。

廖季平與章太炎

偶見報載，有人出資為廖季平刻遺書，因思及四川此一學人亦中國近代學術史上之一怪物也。季平師王湘綺，為所謂今文學派之健將，與以古文治經之俞（曲園）、孫（仲容）兩大流派皆異趣。章太炎則以最能消化俞、孫之學而卓然自成一家著稱。故季平一生最惡太炎，攻難之書積幾盈尺。某歲，太炎將遊川，季平立以書詆之曰：「君來，我將召學會與君為公開之辯難。」其後太炎不果來，季平則又翹然語於人曰：「章太炎懼我，不敢來也。」

今文學家之特點為疑古，季平則更為懷疑派之大王，然其論多支離矛盾，不足盡信，如謂《離騷》為秦始皇命人作，屈原實無其人，即季平門弟子亦駭笑其妄。

清末之所謂名臣張之洞，與當時學者皆曾個別發生關係，如章太炎、如康梁師弟、如劉申叔均一度入張幕。季平亦然，惟終以持說新異，被之洞罵為「非聖無法」，褫被去。

山本五十六

東人之名多怪戾不經，顧其文化所哺乳於我者已千數百年，就其生活習慣社會秩序觀之，猶存有我古代文物典制之若干痕跡，命名一事亦然。

東人名之最怪者，如山本五十六，其名純為數字，據云其父年五十六時生之，因取此名以志晚年得子之樂。此風在日本甚為普遍，不獨山本一人為然。此為我元代鉗制賤民方法之一遺留。元制，庶民無職者不許取名，止以兄弟或以父母年齒合計為名，明功臣常遇春填其族牒謂父名六六、曾祖名四三，又湯和族牒則謂其父名七一、祖名六一，以常、湯先世在元代皆為賤戶故也。

山本五十六，即曾任日本遠征聯合艦隊司令，負責與英美作海戰者，一九四一年十二月八日掩擊夏威夷，即尤其定策。二年後暴死。

崑崙關會戰與狄青

民二十八年，我與寇在桂南會戰，戰況慘烈，崑崙關尺寸之地，雙方死者以巨萬計，血跡留草磧間數月不泯，敵軍曹鈴木醇美作《廣西會戰記事》，描寫我軍炮火之密，謂一砦守軍頃刻成齏。西歐兵器學者屢言，機械化部隊發展之極，可使戰時人命之損傷大減，若以此戰證之，殊不爾。

崑崙關在歷史上為有名之戰地，九百年前，宋將狄青曾破叛夷儂智高於此。初，狄氏勒兵賓陽，欲誘盤踞南寧之儂氏出戰而一舉殲滅之。值上元夕，狄氏偽張燈火作宴，突以超急行軍度崑崙關，捕儂氏軍之主力而迫之決戰，儂氏敗退南寧，不可收拾，遂西遁入滇。狄氏以功內遷為樞密使，當時軍事之殊典也。

與敵作戰時將帥多至前線督攻，有防敵使毒而攜禦毒面具以往者，見者多譬為狄武襄之銅面具。

糠妻

有人曾為小官，旋去而為「行腳商」於滇邊，頗獲利，便欲牒法司與其妻離異而別納一夷婦，友人馳書沮之曰：「糟糠之妻不下堂，『平價米太太』可棄乎？」其人仍不悟，訟於公廨，被麾斥焉。

荷蘭與蘇聯

蘇聯與荷蘭於七月十日成立外交關係並交換使節，此事遠在一年前（德蘇開戰後即應實行，而遲至今日，固已嫌迂緩矣）。

在此時以前，歐洲有三個國家迄未承認蘇聯，荷蘭而外，為瑞士、葡萄牙二國。瑞以宗教（人民信羅馬舊教最篤）、葡以政治（傾向法西斯），與蘇聯不能水乳，而又缺乏外交縱橫上之必要原因，故對蘇締交遲遲，若荷蘭則為同盟國之一干，與蘇聯已為事實上之盟邦，而並普通之外交關係且未建立，實為失策。記者前曾言之，今見「成交」，為之一快。

或曰：「女皇精明仁厚，得享上壽，而亦有高年婦人之一共同特點，即微嫌執拗是也。」觀此殊不爾。

十字軍

觀《十字軍英雄記》電影出，與友言：「美國電影商人之改竄歷史，膽力之偉，世無其匹。然有時為部分之歷史美容，又甚天真可喜，如此片是也。」

此片情事，似指第三次之十字軍遠征，在歷史上此為一確定之敗局，好萊塢編劇家卻使十字軍諸王與薩拉丁王「殺個平手」。美國電影觀眾非大團圓劇本不樂，僅「殺個平手」固已甚委屈矣。

十字軍遠征高張「聖戰」之纛，而在軍事上實為一不祥之名詞，蓋七次征戰，除第一次外無役不敗，甚至有「小兒十字軍」之犧牲，為歷史上悲慘之一頁。雖有人以此諸戰役間接促成歐洲封建制度之崩潰及開闢東西洋交通，輸入東方文化，增進入智之發達為有成功於歐洲之歷史，但在軍事方面之失敗固無可掩飾。

當前之「反法西斯」戰爭，常有人取譬於十字軍之遠征，或冠以「新十字軍」之名，吾每以為不然，亦不自知其何故也。

宗白華

近人談文藝作家之以學醫始者，多舉魯迅、郭沫若兩氏，不知青年時之宗白華亦為醫學生。白華幼即習德文，曾負笈同濟醫科，雖未終學，顧其嶄為醫生而終以文學之表現享名於時，則固與魯、郭諸氏無二致也（白華後留學柏林，則係習哲學）。

《三葉集》時代，白華與田漢、郭沫若同為「文壇新貴」，然論文學與哲學之真正本錢，田、郭實非白華敵，特發揚之氣白華稍遜耳。

拔都征歐

中樞在南京時，某文化事業計畫委員會公表四十人為民族英雄，成吉思汗與拔都名亦與列（記尚有諸葛亮、左宗棠等）。

蒙古軍之兩次征歐，實為吾歷史上神奇之一頁，以今譯名與《新元史》對照讀之，至饒趣味。西元一二二二年成吉思汗之大軍入歐，作戰於今蘇聯南境之烏克蘭，如克里米之戰、刻松之戰、基輔之戰，在戰學史上均有偉大之價值，刻松一戰尤為典型之包圍殲滅戰（殺俄羅斯軍六王七十侯及士兵八萬，其戰果之輝煌殆過於七百年後之坦能堡一役）。

西元一二三五年，拔都率軍再度征歐，於五年中過南俄，入波蘭，席捲奧匈，屠威利斯，俘希臘而直達地中海，其行軍之機動巧捷，殆為今日之「軍事公算家」所不能想像者。

拿破崙視之且為小匠，更不必言純恃火力戰器取勝之希特勒矣。

作史責任

市上方映《董小宛》影片，影商且自加「中國宮闈片權威」之考語，其實誣也。冒鶴亭對於所謂董小宛入宮故事，曾為長文數千語辯之，其子冒孝魯亦嘗廣集諸家材料，力白其誣，世多笑冒氏父子為其「曾庶祖妣」洗刷之急，顧就歷史的徵信價值而論，此一攻辯實不可少。

董小宛入宮之說，始作俑者為漢壽易實甫先生，易氏以《董鄂妃行狀》與《影梅庵憶語》合刻為一書，為一種「極刻毒之指示」，於是羅癭公、陳石遺輩紛紛以歌辭渲染之，而小宛之入宮幾成定論。

寫作野史者，多無責任觀念，「附會」幾成為野史作者之一大共病。浙人孫氏筆記以數萬字考證小宛入宮年月經過，似無一事不可徵信於文獻者，若以冒氏父子之喝破對照觀之，可謂集人間作偽之大成矣。（冒鶴亭辯證此事最有力之證據，為考訂小宛逝世時清世祖年僅十五歲。）

寫政論

寫政論文字，切忌頭巾氣。昔袁世凱謀稱帝，命其弄臣製造「變更國體」之空氣，而梁任公以

〈異哉所謂國體問題者〉一文打擊之。此文題目雖大，而閑閑寫來，第一二句寫秋霖腹疾，以輕鬆之筆兜起下面絕大文章。吾人但覺其情文相生，不覺其機巧落俗，此梁文之特色也。今之政論名家，只知千篇一律，以「慨自蘆溝橋神聖抗戰以來」為其帽兒頭者，宜多讀梁文數遍，以藥其陋。

詩人入蜀

蜀為山水深厚之國，最富於詩人氣質，故在歷史上亦最與詩人有緣。李、杜、蘇、黃無論矣，陸放翁先生詩工於寫情，其戀蜀亦最甚，自其詩中之辭氣與感覺言之，似已與蜀之人情生活同化矣。

詩人入蜀，傳為歷史上之美談，後世詩人多心嚮往之。民國二十四年，閩人陳石遺、李拔可、高夢旦，蘇人金松岑等，先後由上海乘飛機入川，有組成「詩人訪問團」之勢，即有感於此名貴之傳統也。諸人在蜀，頗受當時人物之禮待，遂不得不私？其口，為恭維韋皋之馬屁詩人陸暢（〈蜀道易〉一詩之作者），而面對李太白寫〈蜀道難〉罵嚴武之戰鬥精神有慚色矣。

抗戰後，詩人入蜀者益夥，此輩多以李、杜、蘇、黃之遭際自喻，然而什九為「陸暢型」。入蜀入蜀，蜀亦何是乎此輩之入哉！

顧傳玠

崑曲名伶顧傳玠，於數年前化名讀書於金陵大學農學系，出校後執業於西南後方某經濟機關，彬彬然欲人忘其往史，而人亦淡然忘之。

說者以顧之去伶改讀為賢，吾以為不然，崑曲亦藝術之一，且有絕滅之虞，自失傳玠，後繼者無人，傳玠得於此，未必不失於彼也。

惟中國現社會之程度，尚不能自藝術之觀點上去瞭解優伶，倡優隸卒之階級觀念尚未盡革，傳玠之必欲去所業，易其社會地位，亦人情之常也。

因憶四十年前，在北京享盛名之花衫楊小朵，亦嘗厭苦所業。當時某權要特送之至京師大學師範館肄業（庚子以後事），以同學屢侮之，遂痛哭退學。

以顧比楊，未始非幸運兒也。

產匪區

佐賀為敵國著名之「匪性地帶」，民風刁悍兇惡，向以破壞秩序為能事，敵國官吏無願治其地者，蓋軟硬應付之術皆窮也。

此地雖出產幹部兵曹最多，而在現時敵閥中勢力不大，自武藤信義死後，真崎甚三郎繼為所謂「佐賀閥」之魁率，頗受排擠，迄未能取得高級指揮權。

惟中日之戰，實以佐賀籍之軍人啟其端，迫成「七七」事變之敵聯隊長牟田口廉也及擴大戰局之香月清司皆佐賀人也，開「八一三」滬戰第一炮之敵海軍特別陸戰隊司令大川內傳七亦佐賀人也。

若追溯昔日「一二八」之戰，當時在敵炮艦夕張號任炮術長之某甲（忘其名，已於數年前鬱鬱病死於敵國內）首先開炮，此人亦佐賀人也。

SODA

現時已有十八國政府對日宣戰，各方殷望蘇聯之參加此戰也愈切。於是有人走訪蘇聯研究家某先生，問以蘇聯有否打日本之可能。

某先生不答，固問之，則曰：「君習醫藥，敢問碳酸鈉加水為何物乎？」

此人不期而信口答曰：「是Soda。」

某先生笑曰：「既知是『蘇打』，又何問焉。」

「南進一敵主義」

八十年前，日人吉田松蔭曾對其國民發表警告曰：「在日本未確實取得南洋軍事霸權以前，切勿與美、俄為敵。」

由於此一啟示，在「南進」方面，日本遂產生一種戰略思想，為揖美攻英的「一敵主義」，倘真能如此，自為日本之大利。惟若干年來，因日本軍人之盲動以及外交之劣敗，加以局勢之客觀變化，促成英、美之緊密連合，使日本的「南進一敵主義」成為不可能。

日本不南進則已，一進便天然成為對英、美之聯合勢力作戰，此日本之敗運而吉田所最畏懼者也。今後當驗之於事實矣。

國粹

蔣百里有言：「國粹者，特色而帶有世界性者也，非然者，癖而已矣。」蔣說之可以舉例者，瓦格納之音樂沉鷙肅穆，純乎德國色彩也，而含有世界性，雖仇德之法人亦不能無所感也。莎士比亞之戲曲博大閎深，純乎英國色彩也，而含有世界性，雖仇英之德人亦不能無所動也。乃至拿破崙兵法，輕捷爽利而扼要，純乎法國色彩也，而含有世界性，雖剛愎固執之老毛奇亦不能不就而學也。

此種國粹有超空間之文化價值，是世界文化合奏之基調，非抱殘守缺之所謂「國粹」所得而比擬也。

英國天氣

世以為倫敦多霧，故造成英國人深沉之性格，同時以霧氣為障，視覺困難，更能造成英國人過人一等之觀察力。若干年來，外國人之分析英國民族性者多著重此觀點。

但英國人自身之看法並不如此。

近讀英國巴克教授之《民族性》，否認「英人之眼光銳利由於霧」說。彼以為一民族之性格受氣候關係之影響固為事實，但影響英國人之性格者，並非霧而係一種陰晴不定之天氣。因英島氣候之變化莫測，使英國人遇事無定見，對一切抱懷疑之態度，故氣候給予英國人之影響非優點，實弱點也。

於是吾人乃思及與英倫氣候相同之重慶。

三十六歲

基督被磔死於西曆紀元三十二年，「死」時應為三十二歲，然史家早已證明，紀元之數有誤，基督實生於紀元前四年，故基督「死」時之正確年歲為三十六歲。

蘇曼殊死時，據柳亞子之年表，謂為三十五歲，若以曼殊在？桓精舍與樫山先生敘齒書計之，曼殊似為早一年生，故死時當為三十六歲。

曼殊既死，樫山輓以聯有「君與基督同年死」之句，見者駭異，不知其真意別有在也。

拜倫、濟慈、雪萊皆死於三十六歲前，天才合當於三十六歲便死，過此而留戀遲徊不能死者，皆混蛋也！

一元指揮

民三十一年，王雪艇發表其對於太平洋新戰局之意見，以為各反侵略國家應速成立軍事同盟，並主張迅速建立軍事統一指導機構，而以第一次世界大戰協約國指揮權之往事為喻，此論極為正確。

在上次大戰史中，勝敗間之關係雖極復雜，而在協約國方面，歸根結底可判以兩語曰：「前三年之戰事以多元指揮而輸，第四年之戰事以一元指揮而贏！」

一九一八年三月二十六日，福煦被舉為協約國全軍統帥，挽回軍事上之大頹勢，調整全部作戰程式，遂奠立「後瑪因河勝利」之基礎，而完成其給予德軍最後致命一擊之任務。在此時期以前，協約國在多元指揮之狀態下各自為戰，英國之指揮官且公開表示其不願受法軍長官節制之意（如吉青納在大戰開始時，不肯率師渡海作戰，即為避免受霞飛之節制），以致始終不能使協約國軍隊發揮其呼吸一致之作用，而形成三年之師老無功。

批評上次大戰者，對於此點，意見殆均相同。一元指揮之重要，實為軍事上之絕對真理。王氏此論，實值得各反侵略國家之密切注意也。

長舌僧

有僧長舌多辯，近見其批駁某居士佛學雜稿，極爭氣之事。戰前，僧與居士皆在南京。對僧伽參加國民大會問題意見不一，僧持正面之論，居士攻之，涉及戒律，語近婉毒，僧不能辯則默爾而息。此次評論雜稿，重提往事，僧之意氣猶然，蓋未忘前隙也。

晚近之僧界頗多黨爭，某僧之一派以近權要而態勢甚盛，西南各大蘭若泰半屬其係統，此輩傾全力於俗務，剽爭權利，無所不為，而引大乘以自辯。曾見有人於某刊物中尊此僧為釋學之護神，可謂諂矣！

又嘗於成都見一照片，係僧遊蓉時與當地各方丈合攝。僧昂然中坐，迪克推多之氣派十足，他僧惟低眉旁立，若恐懼不勝者。

世固有目此僧為中國之拉斯浦丁者，吾不敢信其然，然而「居移氣，養移體」，僧之為僧，固已漸忘其雅素矣。

小氣鬼

日本軍人、政客多為小氣鬼，蓋其整個民族為急功短視淺隘之民族，何從產生大氣魄與大胸襟之政治人物？

所謂明治維新時代之一般大僚，比較今日日本之群兒似稍開明而通達，然而小氣鬼之根性不能革也，日本近代政治史上，有名之大隈罵陸奧事，可以為證。

關於日本與英美各國修訂新約撤銷領事裁判權一事，陸奧宗光頗自居功，以係本人外務大臣任次之一功業為言，於《蹇蹇錄》中誇大敘述，其詞甚醜。大隈重信見而恨之，遂撰筆札加以攻訐，謂改約之功，由於時勢進化，且集合多人之力僅乃得之，非陸奧一人所得而僭，使陸奧覥顏忘本，竟以此功為出於彼一人之手，則我大隈主持改約運動最早，岩倉出使歐美遊說改約一事完全為我大隈所手訂之外交政策，論功，我寧非更駕陸奧之上？

大隈原文不能悉憶，此僅錄其大旨。以所謂明治時代第一流之從政人物，對政治之認識其幼稚竟至於此！且攻訐形之筆墨，詞氣穢鄙醜惡，有非市井所能堪者，不意若輩竟能聒聒而談，相視不怍，真奇跡也！

郭松齡之死

郭松齡反張（作霖）之役，起於民國十四年十二月，未一月而敗，郭夫婦死，雙栝老人林長民殉焉。

使郭氏是役而勝，則虜穴早清，加速南北革命勢力之合流，統一之局，不待十七年張學良之易幟而已定矣。

然中國革命勢力之增長，日人之所甚不欲者也。以軍事言，郭軍直迫遼河左岸，本已勝算在握，張氏捨全師北退外無他法，而日人沮之。一面以所謂張氏和平退出瀋陽之條件惑郭，緩其攻勢；一面乃大舉於南滿線增兵，限郭軍不得侵入南滿線之二十里以內。此無異扼郭氏「軍事活動」之吭而倒提之，郭軍遂一戰而潰。

郭氏敗死後，日閥頗自居功，後來之所以脅持張氏者，無所不至。民國十五年七月，張作霖至旅順、大連訪當時之日本關東廳長官兒玉秀雄及司令白川，謝其見助之情，兒玉執張手言曰：「願永無忘此日。」張氏究尚為中國人，於敵閥之壓迫朘削不能無戒心，更不能不隱籌對策，於是十七年皇姑屯「伏藥謀殺」事件不可免矣！

死於水

渝市人士紀念端午甚熱烈，其屬於苦力社會者，嘉陵江上旗鼓鏘鏘，划船比賽頗成大觀；其屬於文化人社會者，亦有所謂屈原晚會之舉行，甚盛事也。

因紀念屈原而思及一事。中國有三大天才皆死於水，此三人者，如誇張言之，各可代表一千年之中國文藝史，第一千年為屈原，第二千年為李白，第三千年為王國維。屈原、李白，世當無異詞，王靜庵先生與屈、李並列，實亦不為過。靜庵先生為曠代之天才，其於文藝感應之力至強，與先生同時之學人，煙士披里純之飽滿無一能及先生者。先生倘集中其全心力於文藝寫作，必可追屈躡李，惜乎後期生活一轉念而求為學人，努力於破爛考據，其固有之文藝天才遂不獲有驚人之發展，至可惜也！

第一個大敗戰

吾今將述一故事，此故事仍係重複上次大戰時之舊話，然而頗可供給讀者以思考之索。

第一次世界大戰惡戰四年，互有勝負，但如欲追究打敗戰之第一名，當屬誰乎？坦能堡大敗之俄羅斯乎？非也！度勃羅劇大敗之羅馬尼亞乎？非也！德軍最初進攻時之英法聯軍乎？自興登堡戰線敗退時之德軍乎？皆非也！綜觀全部戰史，審其挫敗之路程、計其損傷之程度，乃至就其紀律與士氣一一衡量，謂足當全史第一大敗戰之譽者，實無過於加波來篤大戰中之義大利！俄軍坦能堡之敗，世界震驚，顧被俘士兵不過九萬，薩姆索諾夫且以一死盡責；德軍一九一八年八月之敗，為德意志最後命運之判決，顧血戰四十餘日，被俘士兵不過十三萬，軍事上猶能保持對敵之相當壓力，以促成和議。若義大利加波來篤之敗，連續潰退十七日，失地二千方里，被俘士兵達二十六萬五千，逃亡三十五萬，不名譽損失之總數為六十一萬人，破全戰史之記錄。說者以意軍於是役中，戰死不足一萬，而不名譽之損失達六十倍之多，其未力戰可知，主將卡度那復不能引咎自殺，實為世界戰史上永遠之話柄，而「敗戰第一名」之皇冠，遂不得不加於義大利之首也。

兩汪黃

三年以前，中大教授黃侃尚未死，其人平日好使酒罵座，中大文學院長汪旭初（東）與黃同為太炎弟子，而氣性稍和平，於黃之誚讓每退避之。一日，黃忽於教授辦公室中大聲詰汪曰：「外間稱中大學者，必稱汪、黃，實則我年長於子，何故置子我上？」汪不能答，旁有解者，笑曰：「公等誤矣，汪、黃是什麼好名字，不知當朝典政事者固別有汪、黃，與公等無涉耶？」侃一笑而罷。

時汪精衛方任行政院長，而莫干黃氏折衝北方之樽俎，頗不為清議所諒，「汪黃」、「汪黃」之聲方洋溢朝野也！按世稱宋臣禍國必舉秦檜，而在秦檜以前，力主對金屈膝者尚有汪伯彥、黃潛善二人，史亦稱「汪黃」也！

食薇

東南諸省倡食雜糧，頗見成效。浙皖一帶之山縣新創「一珠雙玉」之口號，蓋每日三餐，一餐為白米、兩餐為玉蜀黍，經衛生家之分解報告，謂極適合一般人之營養標準。記者所居之山村，眾多舂食一種蕨粉，味較玉米粉為美，質亦較柔，如能每日附食一餐，於營養及節糧皆有所助。某專員在此開會特用以餉客，亦戰時新味也。

此物即古賢伯夷、叔齊兩先生所食之蕨薇，特今古食者之動機有不同，伯夷先生等以「恥食周粟」而食此，吾鄉之人則為愛惜「周粟」減低消耗而以此為局部代用品耳。

密宗

班禪未逝世前居京甚久，當世名公之受戒者似不止一人，而某先生為最虔。民國二十三年冬，京人頗傳班禪以密宗諸法傳某先生。密宗者，彼教大法，具有「神力」，非常人所能得，亦非常人所能勝，談者且舉時地以證其事。六燭齊輝之下，班禪高座喃喃，某先生匍匐於地，實一幕譎麗之宗教劇也。

某先生以湯山寄廬贈班禪，具牒自言「奉獻」，實古人「舍宅為寺」之遺意耳。惟「密宗」云云，仍為一謎。

僧產部

說者以為，今日政府機構尚缺一僧產部，以寺廟產業雖由僧眾自管，然其主權實仍屬於國家，不必奪而有之，亦未可竟化外置之也。

隋唐政事舊制，其祠部曹除掌管祠祀、天文、卜祝、醫藥諸務外，特注重於僧尼簿籍之管理。所謂僧尼簿籍，不僅人事異動而已，寺廟產業之清釐督察亦為其重要任務之一。明沿其制，改為祠祭司，設南北祠部官。《湧幢小品》記葛屺瞻任南祠部，以稽剔寺產過苦，得弊狀盈篋，僧眾恨之，唆朝貴逐之去。可見此制之早，亦可見此制推行之不易，使中國今日而真有拉司蒲丁其人在朝，一切無從談起矣。

黃馬褂

蘇聯革命戰爭時期，其典型猛將夏伯陽為一般熟知之人物，曾以勇於進攻，於火線上暴露其指揮官之位置，為黨指導員所斥。

吾每讀此書，輒思及甲午戰役左寶貴氏之死。

當時敵軍圍攻平壤，左氏以孤軍當北面，拒戰甚苦。敵將立見尚文率第九旅團之主力屢攻不克，死傷無算，而左氏終日著黃馬褂於城堞上督戰，目標顯明，立見乃以精良之狙擊手射殺之。左既死，北面軍大潰，葉志超之降旗出，平壤失矣。

左氏此種「鎧甲戰」時代之堂堂作風，表現於火器戰術業已相當發達之甲午戰役，安得而不為鼠寇所算？左氏固忠勇矣，吾終惜其質美而未學，對於一指揮官應備之基本知識竟闕然也。

吳玠

時人談南宋名將，岳鵬舉（飛）與劉信叔（琦）並列，若僅以軍事言，吳晉卿（玠）之善於貼合國情作戰，其智慮尤過於岳、劉，惟吳氏弟兄之武德非二氏比，故歷史評價亦不高耳。

謂吳玠善於貼合國情作戰，可節取其建炎四年與金帥兀術之陝西會戰為例。兀術以重兵擊和尚原，玠棄之，守仙人關，金兵十萬攻關外險隘，玠復棄之，為內線拒戰。金兵皆被重鎧、多火炮，如今之機械化部隊然，數度尋求決戰而玠憑險據守不動，金兵為所膠引，卒疲敝而去，玠乃出兵躡擊之。兵法所云「避其銳進，擊其惰歸」也。

玠以守陝為保蜀之第一策，當富平會戰失敗後，人多勸玠向鄂轉進，而玠堅以為陝必可守，遂收散兵集和尚原，重行編整作戰，終宋金之世，金兵不能入蜀一步，史家稱之。

哲人與鬧市

稚老歸自敦煌，自製一圖，繪此行路線，而於紙角別為線條簡單之畫，摹千佛洞諸石佛狀，筆法古拙，筆意生動。張之壁上，客來共觀，則暢談疏勒河流域種種，可一小時不倦，其實醫生正切戒其「節言」也。

稚老以廁身人海為樂，常居鬧市，蔣公為治精室於郊外靜處，稚老不欲往也。自言環境愈鼜動，心情愈相安，昔在無錫，居室臨河，晨間檣舶競過，萬聲沸騰，而酣睡無覺，倘移居村野，轉不能成眠。

福爾特爾謂愈與大群眾近，生活趣味愈濃，彼亦喜居鬧市，此皆入世哲人之超人見解也。持悲憫以觀眾生，世間尚有何物較此萬動蠕蠕更能給予哲人以豐富之思索者乎？

可愛之老翁

府令褒揚梁任公，此事遠在十餘年前蔡鶴卿即曾向中政會提議，以胡展堂院長堅執不可而罷。任公為近五十年來中國政論家之第一人，亦為建立報紙通俗文體之第一人，捨其一部分之政治往史，而就其大部分之學術貢獻，及立國以後忠於民國之若干事實言之，此一褒令實不可少。

任公主研究系時，頗為時論所短，多謂其深險難測，其實此為一般從事政黨活動者之公性，世焉有白癡而能存在於政治鬥爭中者乎？任公本人恢弘曠達，在並世文人中為第一，不似某甲文豪之囂張其氣，亦不似某乙文豪之巧於作偽，使能享年至今，將為如何藹然可愛之博士老翁！惟政客生活終非任公所宜，惜其絕之過晚也。

任公諸子皆卓然有立，思成精習建築藝術、思永專攻人類學，為國內名教授。其第三子思忠曾留學美國西點陸軍學校，歸國後未有大成，病死上海。

馬拖汽車

上海油竭，汽車坐廢者以數萬計，最近乃有人試行馬拖汽車，拆去前部引擎或更去篷頂，減車重，以馬曳之，疾行於光滑之瀝青路上，速度約為每六分鐘一公里。

吳稚老云：「此為汽車之本面還原也，四十年前，汽車最初至上海係用馬拖，予曾見之。」以為戰爭可使文化發展更速，或以戰爭正為文化所賦予的諸種使命之一，此羅森堡式之論調也，以馬拖汽車證之，將謂汽車文化更由此邁入新的階段歟？

歸朱舜水之骨

日本何以成為近世強國？由於明治維新之治。明治維新何以能順利開展？由於幕府歸政。幕府何以肯歸政？由於倒幕運動之成功。倒幕何以成功？由於朱舜水忠君學說之深入人心，故朱舜水實為日本歷史上之重要人物。

然朱舜水之入倭，乃為明政府乞師往，非受聘為日本之文化乳媼而往也；乞師不可得，陷於倭，此朱舜水畢生之隱痛，亦中華歷史上可悲之一頁也。至於今日，日本正以荼毒其先陵、迫害其化祖為得意，吾人對舜水先生在天之靈，更不知何以為詞！

昨夕偶與友人談及此，友謂：「他日戰勝日本，吾人對日本本土固無所求，惟必發舜水墓，檢其骨歸葬浙江，斷不使此一代哲人之魂魄永淪倭土。」然而先生之教，所以孳哺而充營此不義之邦者，固已三百年矣！

第二戰場

拿破崙征俄失敗，固為其霸業之一大打擊，但尚非致命之打擊，一八一三年冬季來比錫之戰敗，乃決定其事業之運命。翌年對英俄普奧四國聯軍在法境會戰，遂一敗而不可收拾，此中機樞契元之轉，究何在乎？

曰英軍能把握時機，迅速開闢第二戰場而獲得成功之故。

當拿破崙雄視歐洲全陸，引兵東征之時，惠靈吞在西班牙開闢第二戰場，組織英西葡聯軍以驅逐拿氏在意卑里亞半島之勢力，實為建立反拿破崙大軍團之重要基礎。拿破崙之第一敵國——英國，因此而得與反拿氏諸盟國呼吸相通，在歐陸戰場上直接領導打擊拿氏（說蒙會盟，英為領袖），拿氏安得而不敗乎？

名將今古

抗戰中諸名將，兵術戰法、氣度風格各有不同，而於歷史上其「祖烈」之一人為近，此事甚奇而雋。如程頌雲將軍之治軍嚴毅，似程不識；李德鄰將軍用兵無常法而弛眾為戰，最似李廣；馮煥章將軍之作戰堅韌，善收眾又不好矜伐，似大樹將軍馮異；衛立煌將軍雍容坐鎮，治軍於樸簡處見精神，似衛青；白健生將軍精練巧捷，宗內線殲滅戰術，似白起，特無白起之忍；陳辭修將軍機智多算，精於料敵，求之漢史，則山陽陳子公之此也。

史載張翼德高自矜許，剽悍有智（非如《演義》所寫之鹵），吾意張向華將軍似之；薛仁貴負銳猛進，犬制鬥如獅，薛柏陵將軍似之。

何敬之將軍於其先史祖烈，無可近喻者，而總觀其氣韻材略、德量規型，殆無一不似北宋之開國第一名將曹彬。

岳飛幕府

岳鵬舉之為中國歷史上重要「人範」，已成定論，其武功知者多，吾獨於其文事發生研究之興趣。

岳氏文詔奏表書翰之類，後人有編為《岳忠武王集》者，皆披瀝肝膽，而文情悱惻，辭述茂美，以文章言亦無愧為南宋之第一作家。如〈奏乞出師札子〉、〈謝講和表〉、〈奏乞解軍務札子〉，意極敦切，而筆致溫婉，句法亦簡練明雋，視李伯紀、胡邦衡諸疏，奮發有餘而詞氣失其控制者，文章之技術固遠上矣。

幼孤失學之岳氏，雖後來頗能讀書，而文字造詣斷不至此，因思岳氏總軍後，必有名幕府為之妍辭，然而遍檢史冊不獲其名，可見文章、事功不足相比，一千年前已然矣。惟清人楊敬素序岳集，必斷斷強辯，謂諸文皆岳自作，此則中毒已深之「偉人萬能論」者，不足信也。

國難會議

在「九・一八」事變發生之二百九十日以後，洛陽召開國難會議，光焰甚熾而以簡約之筆結之，然在中華民國禦侮史上仍不失為警策之一篇段也。時稱之為「揎袖會議」，以示有別於一般之「垂紳會議」。

當時被征而未赴會之會員，有最可注意之數人，如詩人陳散原先生、大經師章太炎先生，及段芝泉、吳子玉、熊秉三諸氏，今皆寂化矣。又聞名單原列徐菊人總統，迨發表，乃無之（按上述數人，皆曾於逝世後獲國府之褒揚令）。

胡適、曾琦皆未赴會，在彼時會場中較活躍之張伯苓、楊端六、童冠賢諸人，今皆為連任三屆之參政員焉。

徐樹錚與陳毅

外蒙失治將二十年，檢視往史，感慨無窮。說者以為北府當日處置未當，如民國八年之後容徐樹錚陳兵北疆，又使原駐庫倫大員陳毅與哄，暴露中央事權不一，政令失常，遂使旁人離心。不知外力內鑠為蒙事棼亂之最大原因，徐樹錚與陳毅，在北府時代猶不失為較有邊疆觀念者也。

徐樹錚矜才使氣，好大喜功，以其包圍陳毅宅及星夜盛陳兵衛叩訪巴特瑪（當時外蒙總理）兩事證之，最可見其性格。後又於庫地闢網球場，與部將共嬉，自謂「絕域蹋踘」，為漢霍驃姚後之第一人。歷史之教訓，使吾人深信治邊必以峻臣，徐氏雖非其倫，而北府時代求如徐氏之高張矜發者，且不可復得也。

張獻忠逛青城山

張獻忠亦嘗為青城山「遊客」，但此君並不題詩，亦未留名勒石，而上清城五里坡上有一「殺人槽」，則此君為「逛」青城山而留之「傑作」也。

山中至今尚有若干關於獻忠「遊」山之傳說。當時蜀中名族紛紛入山結屋，如今日貴人之別墅狀（如內江王府），但並非避暑而為避亂，獻忠既追蹤入山，則盡屠之。俗有「大殺風景」之說，此公確可當之無愧。

青城昔為縣治，但不甚產生「名人」，考之史而可徵者似有一人，則賦「十四萬人齊解甲，更無一個是男兒」之花蕊夫人也。

緬邊

《海客日譚》六卷，蜀人王芝作，予以五十金得之於臨江路一敝書坊中。

此書係作者自紀其經滇邊入緬轉道訪歐事，時在清同治十年，約為西元一八七一年，所記多誇誕，然寫滇緬邊界形勢特詳。自騰越經盈江、蠻允，下鐵壁關而螺旋入緬，此路正今日敵軍來攻之線。作者一再揭示鐵壁、虎踞、天馬諸關之險，而歎息痛恨於邊臣之無備。其實作者過此時，國境已日削，若以舊日版圖證之，則密芝那、八莫、臘戍原皆我有，鐵壁諸關雖險，固非「國境警戒線」之比也。

亦惟因清代失政，邊疆日削，蹙地千里，以密芝那諸地授人，在緬北鐵路完成後，軍事運輸既便，密芝那又正拊騰越之背，於是作者所誇說之鐵壁、虎踞諸險至此盡成盲腸，此恐非作者所及知也。以近代軍事之眼讀《海客日譚》此段，感慨尤多，特不能一一寫出耳。

高志航

高志航將軍戰死已五年餘，民間至今猶深念之。人嘗稱高氏為「中國之厲秋芬」。「八・一三」戰後，高氏屢創敵機。日空軍佐三輪寬大言欲與高氏一角，未幾而三輪寬被擊殺於山西欣縣上空，高氏亦於中原某地機場遇敵機來襲，倉猝起機與抗，螺槳方旋，敵彈已下，遂為悲壯之犧牲。高氏及機械士之遺體相溶成糜，不復可辨，視厲秋芬之猶能輿屍歸國，更慘烈矣！

高氏係於民十四年由東北當局資送赴法專習航空，其先原習炮兵，郭松齡其師也。未幾而郭氏有灤州之變，未奏功而被執殺，東北當局乃舉行肅軍運動，凡過去曾受教郭氏而交往稍密者皆予斥逐。高氏後歸國，亦不獲大用。談者以為民十五年國奉之戰，東北當局曾以數機飛炸北京，高氏與焉，其事實妄。以年月追計之，高氏時猶在法，學未畢也。

少城

武昌起義後，成都人亦高張大幟而起，迫督署，殺趙爾豐，且以兵圍滿城，欲盡屠其中滿人。時尹昌衡為帥，力排眾議，謂旗兵可撫，殺之無名，自以單騎入滿城，說將軍裕琨繳械，裕琨從之，得免洗戮。

滿城即少城，舊有八旗官街八條、兵丁胡同三十三條，革命後滿漢雜居，已不復可辨。成都市長余中英言：「滿人存者尚有數百戶，飲食典則尚存其舊，惟皆赤貧。」予於皮坊街側見一旗嫗叫賣草鞋，詢以三十年來之生活感想，愀然不答。

談者每謂成都富於北平趣味，特僅就其表面觀之。若皮坊街諸冷巷中，具備與北平後門一帶神似之特殊生活面相，則留心者殊不多也。

甘必大與西園寺

約翰根室寫西園寺，強調其對法之政治情感，謂此翁一生甚崇拜法之政治家甘必大。

吾人皆知色當一戰，為決定普法戰爭勝利誰屬之關鍵。顧法國在色當既敗，皇帝（拿破崙三世）與主帥（麥馬罕）且已被俘之後，猶能支持對普抗爭至數月之久，使法國得以「有政府」之狀態對普進行和議，雖屈辱而尚未至於頂點，則甘必大之功也。

當時德軍圍巴黎，甘必大為新政府之陸軍部長，陷城中，後乃設計乘輕汽球逸出，至南部重行編整軍隊作戰。此事在世界航空史上亦為重要之一頁，甘氏殆為歷史上以主帥之身分自空中逃逸之第一人也。

普法戰後，法雖為戰敗國，而第三共和確立，舉國致力於戰後復興。西園寺適於是時留學法國，為青年之自由主義者，與甘必大交甚篤，於甘氏能擔荷一敗運而勇往邁進之政治家精神，甚嚮往也。

一八八二年甘必大死，又六十年西園寺死。說者謂，日本他日實極端需要此種「敗戰自救」之甘必大精神，然而西園寺死，其道在日本亦絕矣。

七百年前一大海戰

宋亡於元之最末一戰，為張世傑（宋）與張弘範（元）之崖山會戰，實七百年前中國歷史上罕有之大海戰。

張世傑似有一認定，即元軍多北人，必不習海戰，故擁幼帝走南粵，入海，於崖山一島上建立政府。迨張宏範以數十萬軍來攻，則並島上政府廨署悉焚之，而以大舶千餘編為一字陣，碇海中，其軍事氣魄不可謂其不雄厚，然而自陷於可能全部被殲之絕境，有識者固已知其不可為矣。

此種鎖港為戰之方法，曾使元軍屢攻不克，張弘範被迫而組織船舶隊，堵海口以困之，別以陸軍擾諸島，斷其汲路。宋軍久不得飲水，食海水嘔泄，皆憊不能戰，元軍乃以舟師進擊，宋兩翼先潰，世傑倉猝自中軍奪十六舟突圍去，幼帝則為藎臣陸秀夫負以入水死焉。

日人桑原騭藏考證，元軍確不能海戰，使非當時奸商蒲壽庚（南洋僑商）助以市舶，並為畫策，則元之舟師顯然劣於宋，崖山一戰，未必遂操勝算也。蒲壽庚何以背宋投元？則以張世傑之崖山船陣多係奪其市舶為之，故怨恚，又以元宋兵連禍結，舶路皆塞，足以影響商業，因不惜助元，以加強元之攻勢而促成宋末係政府之崩潰焉。

賈似道

南宋誤國三臣，秦檜之陰毒兇險、韓侂胄之剛愎愚蠢，性格皆極鮮明，惟賈似道則為一不易分析描寫之復雜人物。

其人自為「權力第一」之信徒，但有時而動搖退縮，並不如秦檜之專一心力於其統治權力之鞏固。自《宋史》上所見之賈似道，實為一最幼稚拙劣之政治人物（觀其要君挾上，不擇手段，乘輅乘輦之小事，逼宋度宗黜其妃，又排斥其反對派諸臣，最多只至罷官而止，甚少誅戮，亦足為其統治心理動搖之證。）而又耽於近欲，其權力將崩潰之時，對國運及其個人統治權之前途殆已絕望，半閑堂之出現，實賈氏世紀末悲哀心理之深刻表露也。

賈似道在歷史上之行為及其縱欲主義之動搖心理，實為一豐富之劇本材料，善為「權力第一」之陳銓教授何不移筆一試之。

姜登選

郭松齡起義日，執姜登選殺之，以姜為監軍，又素親張作霖，不殺無以立威，然世論頗以此病郭之忍。

當時東北新軍人才，姜、楊並稱，楊鄰葛年事稍幼而黠，姜則戇。郭氏決定起義，會其部將，議行師，尊姜於上席，將以為纛，姜大詬而起，遂不免。

姜之戇，猶有一事可為證。

清末，趙爾豐督川，激成民變，時姜登選長四川武備學校，素謹事爾豐，諸生惡之。晨起為變，聚噪於庭，姜挾簿出而點名，眾撲之於地，爾豐不得已，以尹昌衡繼為校長。姜歸室，以辭狀上爾豐，必重懲為首諸生始允復職，而不知武校易長之檄已下矣。

五色旗

五色旗曾為國旗者若干年，創之者何人？知者殆鮮。

據田桐氏《革命閒話》，論定此旗式者實為江蘇都督程德全。後參議院成立，提出國旗案，遂確定此旗式為國旗，而以武漢起義時所用之九星旗為陸軍旗。同盟會舊人皆噪曰：「然則置吾青天白日黨旗於何地？」乃覆議定，以青天白日旗為海軍旗。

世不知此史實，多謂五色旗式創自中山先生，實非也。以五色代表五族，既有悖於大民族融合之原則，旗式亦非璀璨，對外不足以表現國格之全顏，廢之是也。

章太炎翁輓黎宋卿總統聯，有云：「與五色旗同盡，譙周從此是元勳。」其詞激矣。

光緒之悲劇性格

《清宮外史》劇給予吾人之最大異感，為將光緒寫成「英主」，與吾人向所聞者不同。

光緒在清朝歷代帝王中，為悲劇性格之最顯明者，早有「薄命皇帝」之稱。蓋數十年宮廷之陰暗生活有以致之。任何少年，生於「無親子之愛的家庭」者，心理上總不免早衰，憂鬱嬰縮成為公性，固不僅光緒一人為然也。

至於光緒之頭腦、才具，似並不出色，蔡孑民先生曾謂「光緒有類白癡」，蔣觀雲先生亦謂「清末之光緒與日本之大正有若干點相同」，而日本之大正固無人不知其為白癡也。

惟康更生、梁任公兩先生則極力宣傳光緒之英敏有為，使非慈禧迫壓於上、群小牽掣於下，光緒必能發展而為迴旋中國歷史之明主。任公四十年前在橫濱《新小說報》撰《新中國未來記》小說，舉羅在田其人為中國之第一任大總統，即係影射光緒，「在田」與「載湉」同音，「羅」則「愛新覺羅」之意也。

翁李交惡

《清宮外史》話劇與史實頗多出入，其中寫翁同龢與李鴻章之交惡，則為信史（晚清人筆札記者頗多），特誇張過度耳。

翁、李之交惡，其因甚遠，談者以為鴻章在曾國藩幕不見用，頗抑鬱，適曾氏欲劾皖撫翁同書，屢易疏稿俱不當意，鴻章乃私撰一稿獻之，中有語曰：「臣不敢以翁同書家門鼎盛，稍加回護。」蓋其時翁父心存方為軍機，三兄同爵、六弟同龢亦皆躋顯要，劾章著此一語，遂富有強烈之煽動性，在政治鬥爭中則陰險之筆也。曾氏大喜，疏上，果褫翁職。鴻章即由此發跡，惟翁氏門中不能復忘李矣。

甲午戰役，翁同龢初以主戰，後以力主根究戰敗責任問題，訐鴻章最烈。惟其人恢閎有智，魄力甚厚，《清宮外史》故意加重描寫其頑固，儕之於徐桐一流，實誤。同龢不僅非一愚昧執拗之國粹主義者，且正為一相當通達之維新派，不見清末戊戌政變之絕大文章，即尤其一筆挑起乎？

雅浦決戰

美日海軍之主力決戰，至今尚未開始，其決戰場所與可能之結果，世界軍學家之觀察論斷不一，但有一共同點，即美國海軍在未擊破日本海軍主力以前，決不貿然反攻菲律賓是也。

去今約二十年，英人白華德撰一小說，懸想美日海戰過程，寫美海軍智取布琉群島後，不即反撲菲律賓，而反向西進，將馬尼剌日本海軍主力誘至雅浦島，強迫其進行決戰而一舉殲滅之。在擊毀日本五主力艦，削弱其大部分之戰鬥力以後，始依次反攻關島，並收復菲律賓，失去「海軍保姆」之日本遠征軍十萬人，遂陷於悲慘之命運，被迫在菲投降。

白華德此書之結局為戰敗求和，但始終不使美海軍攻入日本領海。在當時似以美海軍勢力遠伸至於日本領海，為常識所不許可之事，蓋作者未嘗預測後來美日戰爭之世界性，全書缺乏之一重要之因素，即未將英國作戰加入，故僅寫至加羅林群島會戰而即止也。

張東蓀之總統連任論

民國二年，大法未備，憲法起草委員會對於總統任期問題屢有訟辯，後乃規定為任期六年，不得連任。

此種規定自含有相當之政治權術意義，當時，擁袁（世凱）之法家政客多以袁氏之利害為利害而表反對，張東蓀氏亦持此論，特張氏本於法制學者之見地，黨爭之意味較少而已。張氏主張，不於憲法中規定「總統不得連任」，而以習慣法限制之，如美國例。美國憲法雖無明文限制總統之連任，顧連任之例甚少，使國家當非常之時期，對於一擔當大局之非常人物確有連任之要求時，亦不致因此而發生事實與法律之衝突，意至善也。

持張氏之論以觀前之美國，頗使吾人「會心不遠」。

惡罵

昔日國會議員對政府官吏之彈劾書，多詞氣驃悍，不留餘地，在文辭中或為下品而讀之過癮，則今日所不常見者也。

某議員罵李根源（時為張紹曾內閣之農商總長），書長千餘言，惡詆非人所能堪，末復曰：「如再存盜廉妓貞之望，必貽虎苛蛇毒之憂。」使在常人，已足構成刑事上之誹謗罪，以國會議員有此特權，受者雖憤恚，無如何也。

至於套駱賓王〈討武后檄〉或韓昌黎〈驅鱷魚文〉，以罵政府官吏，在當時幾成為一種文體，視後來劾書控狀之力趨沖和雅潔，但求達意而止者，不免使吾人生「市井兒可念」之感也。

大學當年

北大前身之京師大學堂，為戊戌新政之產物，世所知也，然最初在余誠格任總辦時代，規模未具，殊跼蹐無所表現。

直至庚子拳亂以後，張百熙以西安奏對為西后所喜，被命為管學大臣，始一意於大學之經營。此時為大學全盛時代，著名幽默家于晦若任總辦、桐城大師吳汝綸任總教習，頗能集中人才，總其事者實為百熙，當時多呼百熙為「大學之父」也。

又附辦之編譯書局人才亦盛，譯局尤為時論所重，嚴幾道任總辦，林琴南及後來與林譯合作之曾宗翚、魏易諸人皆被聘入局，幾道之子嚴伯玉與焉。

百熙氣度閎廓，似可有為，而朝中守舊黨如榮祿、剛毅、鹿傳霖等故扼之，百熙在豐台購地千畝將設七科大學，以是不能實現。地既廢置，民國二十四五年間，日軍每假此演習野戰。

裕朗西

裕朗西之女，即偽稱所謂德菱郡主者，以中國故事撰為小說，在美出版而獲厚利，說者謂林語堂之發洋財，猶在德菱後。

清末，西后有一時期頗喜款接外賓，故裕朗西妻女皆獲寵。曾有美籍女畫師被聘入宮，為西后畫像，即出裕氏之薦。當時盛傳此女師索畫價至三十萬美元，雖無可考，而國庫所擔負於此女師者，僅飲食、輿馬兩項，日已須二百餘元，蓋裕氏全家與女師俱就食於官舍（裕兩子勳齡、肇齡特開一席），外務部日派部員往侍應之，且不免時為裕氏僕從所辱。彼時拜洋之風極盛，但拜洋實由畏洋而起，裕氏翺翔雖樂，而朝野側目，終寂然不獲大用。

曾紀澤第一

薛福成《出使日記續編》月旦光緒初年之出使人才，以曾紀澤為第一，其言曰：「曾氏資性聰明，頗多才藝，而又得文正之庭訓，在任八年，練習洋務，並諳言語，至今為洋人所服。伊犁改約一案，頗著成功，洋藥厘稅並征條約，成於其手，歲添帑項四五百萬金，頗有裨於國計。越南一役至於決裂，則以有掣肘者，非辦理不善也。惟其持論或稍遊移，始終以多設領事為無益，未免意存推諉，則過於聰明之失云。」

薛氏並以郭嵩燾為第二人，謂郭氏力戰清議，以至聲名敗壞，然其心實公忠，他人亦無此毅力、無此戇氣。

其下順序列諸人之名，洪鈞居第七，張蔭桓居第十一，其實樵野才氣可為使官，其陰鷙巧譎用於外交，實為第一等人才，惜無機會使其展布所長而薛氏貶之。

薛氏自居於何等，則未言。

無帥之戰

甲午對日作戰，暴露甚多之弱點，至今尚被日人譏為「無帥之戰」。

蓋是年六月，朝鮮戰事已急，清政府先後派遣援兵前往，所謂「某軍門統率某字軍若干營入朝」之消息，在北京轅報中不斷出現。而清政府並不任命統帥，任諸軍在不相統屬之狀態下各自為戰，故戰史論者多謂「牙山之敗，為一種無責任之混亂的敗績」也。

其後雖有「派葉志超總統前敵諸軍」之命，顧葉氏聲威已挫，非惟日人輕視之，諸將亦多不受命矣。葉氏既敗，清政府覆命宋慶統率諸軍作戰，終不能挽回頹局。

在名義上，當時之統帥本為北洋總督李鴻章，李氏不能親往，而對此遠征諸軍實無總帥之建置，世界戰史上殆無其例。

拿破崙墓

六十年前，薛福成遊巴黎拿破崙墓，於其《出使日記續編》中描寫甚細。

拿氏以五十二歲死於聖赫那島，越二十年，法人乃奉其柩以歸，葬於安弗里特舊院。用紫肝石槨，俄皇所贈也，色調沉雄質美，最能代表此歷史怪傑之性格。

拿氏部將同葬此院者甚多，地面分插諸將所搴敵旗，以章其武績，其中乃有一赤幟書漢文「趙」字，殆無人能說明其來歷矣。法人葬拿氏於此，尚有一最饒意義之事，即附建一病院，養拿破崙王朝老兵，薛氏往遊，尚見其存者百人。

血歷史78　PC0664

新銳文創
INDEPENDENT & UNIQUE

辰子說林
——二戰媒體人張慧劍的中外考察

原　　著	張慧劍
主　　編	蔡登山
責任編輯	洪仕翰
圖文排版	周政緯
封面設計	葉力安

出版策劃	新銳文創
發 行 人	宋政坤
法律顧問	毛國樑　律師
製作發行	秀威資訊科技股份有限公司 114 台北市內湖區瑞光路76巷65號1樓 電話：+886-2-2796-3638　傳真：+886-2-2796-1377 服務信箱：service@showwe.com.tw http://www.showwe.com.tw
郵政劃撥	19563868　戶名：秀威資訊科技股份有限公司
展售門市	國家書店【松江門市】 104 台北市中山區松江路209號1樓 電話：+886-2-2518-0207　傳真：+886-2-2518-0778
網路訂購	秀威網路書店：http://www.bodbooks.com.tw 國家網路書店：http://www.govbooks.com.tw

出版日期	2017年5月　BOD一版
定　　價	270元

Printed in Taiwan

國家圖書館出版品預行編目

辰子說林：二戰媒體人張慧劍的中外考察 / 張慧劍原著；蔡登山主編. -- 一版. -- 臺北市：新銳文創, 2017.05
面； 公分. -- (血歷史；78)
BOD版
ISBN 978-986-5716-96-7(平裝)

1. 言論集

078 106004782

讀者回函卡

感謝您購買本書，為提升服務品質，請填妥以下資料，將讀者回函卡直接寄回或傳真本公司，收到您的寶貴意見後，我們會收藏記錄及檢討，謝謝！
如您需要了解本公司最新出版書目、購書優惠或企劃活動，歡迎您上網查詢或下載相關資料：http:// www.showwe.com.tw

您購買的書名：________________________________

出生日期：________年________月________日

學歷：□高中（含）以下　□大專　□研究所（含）以上

職業：□製造業　□金融業　□資訊業　□軍警　□傳播業　□自由業
□服務業　□公務員　□教職　□學生　□家管　□其它_____

購書地點：□網路書店　□實體書店　□書展　□郵購　□贈閱　□其他

您從何得知本書的消息？

□網路書店　□實體書店　□網路搜尋　□電子報　□書訊　□雜誌
□傳播媒體　□親友推薦　□網站推薦　□部落格　□其他__________

您對本書的評價：（請填代號　1.非常滿意　2.滿意　3.尚可　4.再改進）

封面設計____　版面編排____　內容____　文／譯筆____　價格____

讀完書後您覺得：

□很有收穫　□有收穫　□收穫不多　□沒收穫

對我們的建議：________________________________

____

____

____

請貼
郵票

11466
台北市內湖區瑞光路 76 巷 65 號 1 樓
秀威資訊科技股份有限公司 收
BOD 數位出版事業部

....

（請沿線對折寄回，謝謝！）

姓　　名：＿＿＿＿＿＿＿＿　年齡：＿＿＿＿　性別：□女　□男

郵遞區號：□□□□□

地　　址：＿＿＿＿＿＿＿＿＿＿＿＿＿＿＿＿＿＿＿＿

聯絡電話：(日)＿＿＿＿＿＿＿＿＿＿(夜)＿＿＿＿＿＿＿＿＿＿

E-mail：＿＿＿＿＿＿＿＿＿＿＿＿＿＿＿＿＿＿＿＿